SIMONE SIMON

FAÇA SER
FÁCIL
↓

NEGOCIE
E OBTENHA
RESULTADOS
EXTRAORDINÁRIOS
NA VIDA, NA CARREIRA
E NOS NEGÓCIOS

↑

Diretora
Rosely Boschini

Gerente Editorial
Marília Chaves

**Editora e Supervisora de
Produção Editorial**
Rosângela de Araujo Pinheiro Barbosa

Assistentes Editoriais
César Carvalho e Natália Marques

Controle de Produção
Karina Groschitz

Editoração eletrônica
Know-how editorial

Projeto gráfico
Ligia Guimarães

Pesquisa e Edição
It Conteúdo

Preparação de textos
Vânia Cavalcanti

Revisão de provas
Rosemeire Carlos Pinto

Capa
Vanessa Lima

Copyright © 2016 by Simone Simon

Todos os direitos desta edição são reservados à Editora Gente.

Rua Pedro Soares de Almeida, 114, São Paulo, SP – CEP 05029-030

Telefone: (11) 3670-2500

Site: http://www.editoragente.com.br

E-mail: gente@editoragente.com.br

Este livro foi impresso pela Assahi Gráfica em papel norbrite plus 66,6 g.

**Dados Internacionais de Catalogação na Publicação (CIP)
Angélica Ilacqua CRB-8/7057**

Simon, Simone
    Faça ser fácil : negocie e obtenha resultados extraordinários na vida, na carreira e nos negócios / Simone Simon. - São Paulo : Editora Gente, 2016.
    144 p.

ISBN: 978-85-452-0101-4

1. Negociação 2. Sucesso nos negócios I. Título

16-0583   CDD 158.5

Índice para catálogo sistemático:
1. Negociação 158.5

"Com uma narrativa dinâmica, *Faça ser fácil* transporta o leitor para o universo da negociação de forma fluida e descontraída. Com ensinamentos valiosos, Simone Simon ensina a construir relacionamentos duradouros, que são a base das negociações cooperativas. A autora adiciona ainda uma pitada de motivação para encarar o momento conturbado em que se encontra o país. Em momentos de crise, negociar é preciso e, por isso, este livro vem em boa hora para os leitores."

Dr. Glauco Cavalcanti, professor da FGV

"Tenho sido uma testemunha privilegiada da ascendente carreira e das exitosas realizações profissionais de Simone Simon. Desde sua atuação integradora e propulsora de talentos como professora em cursos de pós-graduação na FGV, passando por sua experiência com desenvolvimento de negócios internacionais até, mais recentemente, como palestrante motivacional, transformando cada palestra em um 'banho' de energia , em verdadeira comunhão com a plateia. E agora, com este livro, ao mesmo tempo profundo em suas ideias e saboroso em sua leitura, Simone nos brinda com mais uma importante contribuição para o fomento de talentosos 'negociadores' em nosso ambiente social e de negócios. Como ela mesma diria: 'Negociar é viver, ou, melhor dito, viver é negociar'".

Clóvis Sarmento Leite, diretor comercial

"Nesta obra, Simone aborda importantes temas da atualidade que impactam sobremaneira a forma como negociamos e obtemos sucesso, não apenas nos negócios, mas na vida. O livro traz uma reflexão interessante sobre nossas atitudes e comportamentos perante os resultados que desejamos atingir. Recomendo a leitura."

Dr. Murillo Dias, professor da FGV

"Com seu livro, Simone cumpre uma tarefa importantíssima: ajudar as pessoas a começarem suas iniciativas com o pé direito. Afinal, todo novo projeto é fruto de uma ideia que, para sair do papel, teve de ser negociada de alguma forma."

Eduardo Moreira, escritor e empresário

"Faça Ser Fácil representa o trabalho admirável que Simone Simon realiza em suas aulas e palestras: abrir os olhos das pessoas para o valor dos relacionamentos na hora de negociar. Todos nós lidamos com pessoas o tempo todo, e estamos sempre negociando durante estas relações. Desta forma, conhecer os princípios, estratégias e processos, possibilita-nos aumentar as chances de obter resultados positivos. E devo lembrar que estamos falando desde negócios milionários até simples férias em família. Por isso, pare de perder as oportunidades que deixamos escapar, por pura falta de conhecimento e de boa vontade para negociar, e tenha o sucesso que você merece."

Martha Becker – jornalista e empresária da comunicação

Para meu marido Edison, a pessoa
mais especial que Deus colocou na minha vida.

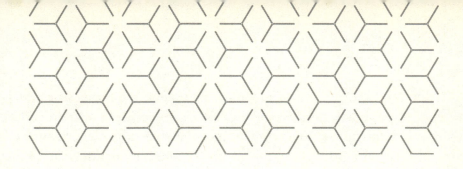

AGRADECIMENTOS

Sou imensamente grata a inúmeras pessoas, sendo praticamente impossível listar todas que, de uma forma ou de outra, estiveram ao meu lado ao longo da minha jornada e contribuíram para a minha formação e o meu desenvolvimento pessoal e profissional. De toda forma, mesmo correndo o risco de deixar de relacionar alguém, listo algumas entre tantas.

Meu marido Edison, meu amigo, meu parceiro, meu amor, que faz todos os dias serem mais coloridos e alegres, a pessoa com quem encontrei paz, felicidade e um amor incondicional. Obrigada pelo apoio, carinho, incentivo e compreensão. Te amo mais que tudo.

Minha mãe querida, por me mostrar o caminho do trabalho, da ética e da coragem necessária para vencer na vida. Um exemplo de mulher determinada. De família pobre, praticamente sem saber ler nem escrever, venceu na vida.

Meu pai amado, que faleceu quando eu era tão pequena, mas me deixou uma genética tão boa e habilidades pelas quais sou muito grata, como a facilidade com idiomas e o gosto pelo estudo.

Minha família, minha irmã Maria, meu cunhado Antônio, meus sobrinhos Luciana, Marcelo, e seus respectivos, Paulo e Cassiana, meus sobrinhos-netos (sim, estou ficando velha) Samuel, Nicolas e Henrique, meus afilhados Isabella, Rafaella e Lucka, minha tia Dulce, Emilia, minha irmã de coração, meus inúmeros e amados amigos, incontáveis para citá-los agora, mas que moram eternamente no meu coração.

Roberto Shinyashiki, meu mentor, com quem me tornei palestrante e, agora, por seu incentivo, conselhos e generosidade, estreio como escritora. Sem ele, esta ideia do livro seria apenas uma ideia. Com ele, aprendi que "um livro não é um cartão de visitas, é uma declaração de missão de vida".

Rosely Boschini e Marília Chaves, minhas editoras, por acreditarem neste projeto, trazendo à tona o melhor de mim e me fazendo acreditar que eu tinha um conteúdo significativo para transmitir ao mundo, mesmo quando eram pequenas anotações em guardanapos de papel.

Daniela Folloni, minha parceira e amiga, pelo apoio indispensável e por sua atenção e sensibilidade, capaz de encontrar as palavras quando as perdia.

Inúmeras pessoas colaboraram com histórias, casos e *insights* sobre este livro, a quem sou especialmente grata. Muito obrigada aos senhores Nelson Eggers, César Saut, Clóvis Sarmento Leite, Rafael Bezerra, Hugo Hoyama, Paulo Storani, Sérgio Damião e Fabricio Goetz pelas histórias que tanto enriquecem esta leitura.

Minhas queridas Martha Becker, Evane Becker, Jane de Castro, Paraskevi Bessa-Rodrigues e Lya Seelig que, de contatos profissionais, viraram amigas para uma vida, mulheres que admiro e respeito muito.

Aos meus colegas professores da Fundação Getulio Vargas, Glauco Cavalcanti e Murillo Dias, meus parceiros em levar grupos de executivos para o Programa de Negociação de Harvard. Com vocês, sempre aprendo muito sobre esse tema apaixonante com o qual trabalhamos.

A todos os líderes inspiradores que conheci, homens e mulheres, por terem me impactado com suas ideias.

Aos meus alunos, clientes e participantes de palestras, workshops e treinamentos que me proporcionaram vivências e reflexões que contribuíram para o roteiro deste livro.

Agradeço minhas famílias do coração, que me "adotaram" e estiveram ao meu lado em alguns dos momentos mais difíceis da minha vida. São eles: José e Bernadete Steffens e seus filhos Agostinho, Francisco e Elisabete. A família da Laura Brzeski, principalmente seus filhos,

Agradecimentos

praticamente meus irmãos, Fabiana, Andreia e Mário. Obrigada pelo carinho e apoio tão fundamentais que recebi de vocês.

Enfim, sou grata por tanta gente que cruzou meu caminho. Sou o que sou hoje pelo que vivi e aprendi com cada uma delas.

Agradeço, sobretudo, a Deus, por tantas bênçãos na minha vida. Pelos sonhos que sonhei, desafios que superei, oportunidades que construí. Por tudo que passei, tudo que vivi. E por ter sempre iluminado meu caminho. Tudo valeu a pena! Obrigada, meu Deus!

Por último, mas em hipótese alguma menos importante, agradeço aos meus leitores. Este livro é para vocês e por vocês. Se, de alguma forma, eu puder contribuir para seu sucesso e felicidade, todas as noites em claro e dedicação com este livro terão valido a pena.

Gratidão imensa a todos vocês!

Boa leitura!

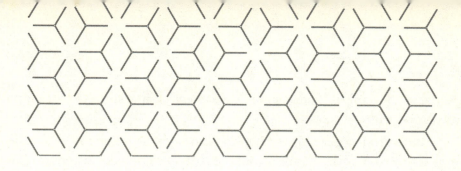

PREFÁCIO

Conheci Simone Simon em 2010, enquanto ela fazia sua primeira pesquisa sobre negociação, "Tropas de Elite em negociação: um paralelo entre o BOPE e o meio empresarial". Fui uma das pessoas que a ajudou na parte técnica para adquirir conhecimento sobre o Batalhão de Operações Policiais Especiais da PM do Rio de Janeiro e os momentos críticos de negociação que enfrentávamos: muitas vezes, com vidas dependendo da nossa capacidade de estabelecer um entendimento positivo.

O que aprendemos no BOPE é o que precisamos entender para melhorar a própria vida, pessoal e profissional: desde que nascemos, dependemos de pessoas e de sua boa disposição de colaborar conosco. Nos relacionar é questão urgente para evitarmos perdas e conseguir atingir um novo patamar profissional. Maus negociadores não conseguem sequer um "chorinho" no suco de laranja que pedem na padaria de manhã – e sua falta de habilidade se torna catastrófica ao negociar um salário, a compra ou venda de um produto, o acordo com um fornecedor chave ou, em nosso caso, a vida de um inocente.

Simone defende a negociação relacional, que é simplesmente a filosofia de que negociar é uma forma de viver e de construir os relacionamentos. Em um mundo de informação rápida e comunicação intensa nas 24 horas, tudo o que você faz, todas as pessoas que você conhece são pequenos investimentos – uma hora voltam para você, na forma de perdas ou de ganhos. Tudo depende do que você investiu e construiu no relacionamento.

Somos todos guerreiros lutando pelos nossos objetivos – acordamos todos os dias de manhã para bater mais uma meta, enfrentar mais uma crítica, conseguir mais um cliente, mais um projeto, um emprego ou salvar vidas. Contudo, além de sermos guerreiros, precisamos entender que somos também companheiros de batalha. Quando entendemos nosso papel como parte de um sistema maior, de uma malha de pessoas que se conectam e se ajudam, tudo fica fácil. Então, aproveite a leitura. Vá e vença!

Paulo Storani

Antropólogo, capitão veterano do BOPE-RJ, negociador
e palestrante na área de treinamentos de gestão

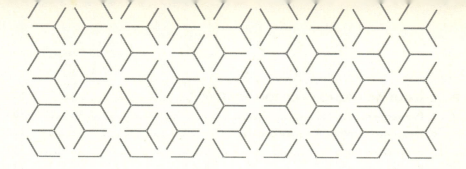

SUMÁRIO

INTRODUÇÃO..	15	
1 POR QUE NÃO ESTÁ FÁCIL PARA NINGUÉM................	21	
De intenções destrutivas o mundo está cheio................	28	
2 QUANTAS OPORTUNIDADES VOCÊ DEIXOU ESCAPAR?.....	31	
3 NÃO É PRECISO COMPETIR PARA NEGOCIAR BEM............	41	
Melhor entendimento, melhores acordos	47	
4 A NEGOCIAÇÃO RELACIONAL E A MULTIPLICAÇÃO DO SUCESSO ...	53	
A vez do cede-cede	57	
5 CONSTRUA UMA AUTOIMAGEM POSITIVA.....................	65	
Comprometa-se com seus objetivos.............................	68	
Prepare-se para ceder	72	
Comprometa-se com você	74	
Seja acessível	76	
6 CONFIANÇA É A ALMA DA NEGOCIAÇÃO.......................	77	
Muito além da mesa de negociação.............................	81	
Como gerar confiança durante uma negociação............	83	
A ética faz parte dos negócios	86	
7 APOSTE NO PODER DA EMPATIA.................................	89	
Quem pergunta negocia melhor..................................	93	
A curiosidade traz novas soluções	96	
Calibre a sua comunicação	99	

8 CHEGUE AO MELHOR ACORDO POSSÍVEL 103

1. Prepare-se 106
2. Desenhe o melhor e o pior cenário 109
3. Minimize o "não" 113
4. Facilite o "sim" 117

9 RELACIONE-SE JÁ! 121

"Você não é uma árvore", mexa-se! 125
Livre-se das desculpas 126
Dê tempo ao tempo 128
Fique perto das pessoas que lhe dão apoio 129

10 O FLUXO CONTÍNUO DA PROSPERIDADE 133

A negociação, os relacionamentos e a liderança 136
Encontre a sua própria liberdade 138

BIBLIOGRAFIA 141

INTRODUÇÃO

Introdução

"Ela, não!"

Num curto instante, eu estava atordoada, minhas pernas tremiam, meu coração estava disparado. Nem tive tempo de entender o que estava acontecendo (quem nunca passou por isso, sequer imagina como é ou como vai reagir). Sem entender, ouço a frase curta, decisiva, quase um grito: "ela, não!". E aquele homem, que não sei de onde surgiu me ameaçando com uma faca para ir até o carro e entregar-lhe a chave e a minha bolsa, virou para o lado e falou: "como assim, ela não?". Eu nem respirava. Fiquei paralisada. A resposta veio: "ela que nos dá a sacola de alimentos na frente do supermercado". Aí, vi a mulher que sempre cumprimento e a quem costumo entregar uma sacola com pão, leite, salsicha e requeijão. O homem nem me olhou e, na mesma velocidade com que surgiu, desapareceu, junto com a mulher. Nunca mais os vi. Nem quero!

Sempre fui muito cuidadosa ao chegar e sair de casa, mas sempre vai existir um momento de desatenção, um deslize, e é em um momento desses que os crimes acontecem.

Evitar um assalto ou mesmo um sequestro, sei lá, por prestar total atenção a quem está por perto, à movimentação estranha que antecede um assalto, pode ser ponto-chave. Mas nunca imaginei que eu pudesse evitar algo assim pelo fato de, eventualmente, ajudar algumas pessoas em condição de rua.

Ao longo da minha vida, tirei uma conclusão muito clara: **para tudo aquilo que depende apenas de você, motivação é fundamental. Para todas as outras coisas, que envolvem outras pessoas, você precisa, inevitavelmente, negociar.**

Seja com amigos, com familiares, no ambiente de trabalho ou durante a compra de um bem, num momento de crise econômica ou num sequestro, negociar está sempre presente na vida dos indivíduos, do nascimento ao fim da vida.

A habilidade de negociar é aprendida muito antes de aprendermos a falar. A partir de tudo que já pesquisei, estudei, vi e vivi, descobri que negociar é uma forma poderosa de relacionamento.

Negociamos continuamente com todos ao nosso redor. Tente listar pelos menos cinco decisões da sua vida que conseguiu tomar totalmente sozinho. Difícil achar, não é mesmo? Sempre tem mais alguém na história.

Portanto, para liderar melhor sua equipe, engajar seu time, fechar a venda com um cliente difícil, comprar ou vender um bem, educar o seu filho, ter uma ótima relação com sua esposa ou com seu marido, conseguir vender sua ideia para o chefe, garantir resultados positivos em épocas de crise... você precisa sempre negociar.

Nada me entristece mais, hoje em dia, que ver tantos profissionais competentes sem atingir o que mais desejam por não saberem negociar e, constantemente, seguirem improvisando na conquista de resultados. Vivemos em uma época, principalmente pela crise econômica, em que o despreparo levará ao fracasso. O país está em crise, e a recessão deve continuar ainda por um tempo considerável. Muitas pessoas perderão seus empregos, muitas empresas fecharão, contudo, sempre existe aquela pessoa que sairá fortalecida dessa situação, que atingirá resultados positivos. Isso porque ela terá negociado. Mais do que negociar, ela sabe o jeito certo de fazer isso.

Você reparou que as pessoas de trajetória bem-sucedida têm um talento especial para negociar? Não importa o cargo que ocupem. Pode ser que trabalhem para uma empresa, tenham um negócio próprio ou sejam profissionais autônomos. O fato é que elas fazem as coisas parecerem mais fáceis. Muitas delas aplicam isso não apenas na vida profissional, mas também na pessoal.

Não estou falando daquelas pessoas com boa lábia, que fazem tudo de caso pensado, que elaboram cada frase que usarão para conquistar os outros e fazê-los cair no jogo delas. Também não falo de quem usa a negociação baseada no "toma lá, dá cá", ou em jogos em que um perde e o outro ganha. Aliás, um dos maiores erros de quem age assim é se esquecer do longo prazo. No mundo em que vivemos, ninguém está livre de voltar a fazer negócios ou interagir profissionalmente com alguém de quem tentou tirar vantagem. Neste caso, dificilmente conseguirá bons resultados.

Se pensarmos em relacionamentos pessoais, então, a história fica mais complicada. Quando é preciso fazer valer o ponto de vista com marido, mulher, filhos e amigos, você deve procurar entender o outro e se colocar no lugar dele – não dá simplesmente para fazer a sua vontade prevalecer sem persuadir o outro, por isso colocar-se no lugar do outro é fundamental. A não ser que queira acabar sem ninguém por perto.

O mundo de hoje pede que convivamos e negociemos de uma forma saudável e perene. A todo instante, deparamos com pessoas com quem nos relacionamos no passado, ou com conhecidos dos conhecidos (ainda mais em época de Linkedin, Facebook...). Sabe por que isso pode influenciar na conquista dos seus objetivos? Simples: experiências passadas dão o tom para as motivações relacionadas a experiências presentes. Isso significa que se você tem más lembranças de alguém ou vice-versa, isso o deixará com um pé atrás na hora de fazer um acordo. E, assim como esta lembrança influenciará em sua postura também influenciará na do outro.

As pessoas que conseguem tudo o que querem são aquelas que vão muito além em seus relacionamentos. Elas sabem que quando se mostram interessadas no outro, na construção de parcerias de longo prazo e de soluções que satisfaçam os interesses mútuos, facilitam resultados futuros.

Elas sabem também que precisam das pessoas, que **entender de gente é o melhor caminho para realizar seus objetivos.** Dificilmente são imediatistas. Preferem construir um sucesso sustentável, que pode se traduzir em um relacionamento duradouro que gera confiança e ótimos negócios.

Não tenho dúvidas de que relacionamentos positivos, bem estruturados, construídos com base na confiança, no respeito, na integridade, na transparência e no cuidado com o outro permitem melhores resultados ao longo da nossa vida. Aliás, eles fazem, muitas vezes, o outro conceder, sem esforço, aquilo que você deseja, sem o desgaste de uma negociação mais dura. O processo se torna natural porque se constrói em bases sólidas e com um vínculo formado.

Daniele Varè, diplomata italiano, dizia que "diplomacia é a arte de deixar que o outro faça o que você quer que ele faça". Poderíamos também dizer que isso é a base da negociação.

A palavra negociação vem do latim, *negotiatus*, e quer dizer "cuidar dos negócios". Porém, ela vai muito além disso, podendo ser aplicada não apenas no meio empresarial, mas em todas as circunstâncias vividas em que há conflito de interesses e objetivos. Nesses casos, você pode atacar, fugir ou negociar. A negociação é, por conseguinte, o modo mais eficiente de conseguir algo que se deseja quando há opções de escolhas a serem feitas, envolvendo a própria pessoa ou terceiros, e quando existem opções de ganho e de perda para cada lado envolvido.

Negociar, portanto, mais do que preciso, é inerente à condição humana. E inicia-se quando somos bebês. Chorar é um ato de negociação. É assim que o ser humano inicia seus primeiros atos de negociação, desenvolve as primeiras técnicas. Com o passar do tempo, muda o objetivo, mas a negociação continua ali, presente em todas as relações, sejam elas profissionais ou pessoais. Como diz o professor doutor Chester Karras, americano especialista em negociação, "na vida, não temos o que merecemos, mas o que negociamos". E temos resultados muito melhores quando investimos na negociação relacional.

A negociação passou a ser estudada com maior cuidado mais recentemente, com importantes escolas, como Harvard Business School, Wharton School e Fundação Getulio Vargas, dedicando especial atenção a pesquisas que demonstram como conseguir acordos favoráveis com maior possibilidade de ganhos, como transformar situações de confronto em cooperação, como lidar com diferentes estilos de negociador. E é disso que este livro trata. Sobre uma nova forma de negociar no mundo de hoje: a negociação relacional, que mostra que negociar hoje é uma forma de viver e de construir os relacionamentos. Ela permitirá a você ter o sucesso desejado neste mundo globalizado em que as pessoas estão conectadas o tempo todo e qualquer atitude, positiva ou negativa, mais cedo ou mais tarde, voltará para você.

Se você deseja conquistar muitas coisas, seja na empresa onde trabalha ou em sua vida pessoal, este é o momento de entrar nessa nova era da negociação e estabelecer relacionamentos com base na troca, na comunicação e no entendimento do outro. Esses relacionamentos sempre levarão você a deixar portas abertas e colher frutos a curto, médio e longo prazo.

Espero que este livro ajude você a construir relacionamentos profissionais e pessoais muito mais consistentes e duradouros. Porque quando se tem pessoas com quem podemos contar, a vida dá certo e fica mais fácil.

POR QUE NÃO ESTÁ FÁCIL PARA NINGUÉM

Quem nunca teve aquela sensação de estar matando um leão por dia? De acordar na segunda-feira com desânimo e uma enorme preguiça de lutar para provar o valor de um produto de qualidade, que você é confiável, que seu projeto trará resultados, que dará conta do recado... Muita gente começa a semana com a ansiedade a mil e na dúvida: será que conseguirei dar conta de tudo nesta semana? Será que venderei muito e atingirei a minha meta até o fim do mês?

Somos todos guerreiros que têm de batalhar para conseguir aquela promoção de forma ética, mesmo sabendo que há gente tentando puxar o nosso tapete. Suar a camisa para que os colaboradores se engajem nos valores da empresa e sintam-se comprometidos com o cliente. Negociar muito para que a equipe de vendas cumpra as metas. Fazer mil manobras para estabelecer uma cultura de excelência em todos os níveis organizacionais. Ter jogo de cintura para estabelecer um vínculo forte com os fornecedores e confiar que poderá contar com eles nos momentos de aperto. Transformar os clientes em fãs e defensores da marca. Não por acaso, na grande maioria dessas situações que vivemos no ambiente profissional, a negociação está presente.

Acha que para por aí? Negociamos também na vida pessoal e, muitas vezes, isso é ainda mais duro e desafiador. Já tentou negociar com o filho chorando na fila do supermercado porque quer chocolate? Parece que não há negociação, você cede e espera acabar com a choradeira e não passar vergonha. Convencer seu filho a comer ou fazer seu marido entender que, sim, vocês precisam reformar a cozinha. Colocar na cabeça da sua mulher que ir àquele jogo com os amigos é importante para você e que não, não tem nada a ver com falta de amor por ela.

Muita gente se sente exausta porque acha que está sempre em uma guerra em que são todos contra um. Bate aquela sensação de não ser compreendido por ninguém. Ou de ter de entender tudo e todos para conseguir o que quer. Isso é muito pesado, não é? E o pior é que, mesmo lutando tanto, parece que nem sempre o resultado é positivo.

Muitos profissionais não conseguem ter o sucesso que gostariam e não percebem que ele depende de como negociam e relacionam-se com as pessoas. Sentem-se desvalorizados e com baixa autoestima profissional.

Muitas pessoas que estão em um relacionamento amoroso não se dão conta de que o tão sonhado "felizes para sempre" ficará distante se quiserem impor o seu jeito e suas vontades sem combinar o jogo com o parceiro e cumprir o que foi tratado.

Muitos pais se sentem distantes dos filhos, sem aquela conexão com que tanto sonhavam porque não perceberam que o tempo todo impuseram suas regras sem dar espaço para entender o que o filho estava sentindo ou precisando. Não há espaço para criar um espírito colaborativo. Desse jeito tudo fica mais difícil.

O problema é que se esse jeito de agir estivesse dando certo, o mundo estaria em paz e prosperando, os profissionais seriam todos muito bem-sucedidos, as famílias teriam plena harmonia. Mas não é o que vemos. Vemos um mundo em guerra, pessoas infelizes, relações em crise. Existem algumas pessoas que sofrem mais com isso. Parece até que são ímãs de situações que não dão certo. Garanto para você que não é conspiração do universo. Algumas posturas, às quais as pessoas se sentem obrigadas a assumir para conseguir vencer nessa vida corrida e individualista, acabam tendo um efeito contrário. São posturas que mais atrapalham do que ajudam porque fazem as pessoas se sentirem solitárias e incapazes de se conectar de verdade com os outros. Elas podem ser resumidas em duas frases:

1 – "Não preciso de ninguém"

Pessoas centradas em si mesmas não se empenham em estabelecer laços. Preferem brigar, impor seu ponto de vista e bater de frente. Acham que ceder é sinônimo de ser feito de bobo ou assinar atestado de perdedor. Não estão preocupadas com o que o outro está sentindo.

Muitos acreditam que precisam ser frios ao negociar, mas isso não trará os melhores resultados. Há também os que apostam que devem enganar o outro lado para serem bem-sucedidos e acabam prejudicando o resultado de qualquer negociação.

É bem comum encontrar gente assim, pois o mundo pede que sejamos duros na queda. Contudo, agir dessa forma, mesmo que traga algum resultado momentâneo, cria mais dificuldades para si mesmo lá na frente. E assim você mata um leão hoje e precisará matar outro maior amanhã. Quem não constrói laços positivos começa uma negociação sempre do zero. Ou até no negativo, quando só deixa pessoas se sentindo lesadas pelo caminho.

Como diz Roger Fisher: "Quanto mais extremadas as posições iniciais e menores as concessões, maiores serão o tempo e o esforço despendidos para descobrir se o acordo é ou não possível". Em outras palavras, quem faz o tipo durão perde a oportunidade de abrir os olhos e encontrar as brechas para chegar a um acordo de uma forma mais fácil e com um resultado mais favorável.

2 – "Não tenho tempo a perder"

Vivemos a cultura do *fast* – do rápido, imediato. *Fast-fashion, fast-food*... A superficialidade das relações torna as negociações mais difíceis e as conquistas mais distantes. As pessoas querem resultados imediatos e têm pressa. Aliás, existe muita pressa para se obter resultados positivos em tudo na vida. É assim que o mercado funciona, é assim que as relações funcionam. Mas será que isso dá certo?

Muitos menosprezam o relacionamento e focam apenas na substância, ou seja, no que está sendo negociado, o conteúdo propriamente. Com isso, perdem a chance de criar um diferencial superimportante: aquela capacidade de estabelecer relacionamentos duradouros, poderosos e efetivos.

Uma pena que pessoas não tenham mais a paciência de se relacionar pessoalmente. Elas perguntam menos e não têm mais interesse em conversar. Vivem presas ao celular, ao tablet, no Instagram... Há quanto tempo você não vê as pessoas conversando sem mexer no celular por cinco minutos, demonstrando interesse genuíno pelo interlocutor presente ou pelo contexto em que estão?

Recentemente, num curso que participei, o assunto era neuromarketing e o professor estava se apresentando de uma forma brilhante. Mesmo assim, vi muitos colegas mexendo no celular, rolando postagens e respondendo mensagens. Estavam de corpo presente, mas não absorveram o que poderiam absorver se estivessem de corpo e alma presentes. Isso acontece o tempo todo e parece-me que a alma das pessoas não acompanha mais os corpos.

Você reparou em como as pessoas, hoje em dia, preferem cada vez mais tirar conclusões da própria cabeça a respeito do comportamento do outro do que perguntar? Existe uma falta de interesse em relação ao outro. As pessoas andam tão focadas em si mesmas que perdem as oportunidades que podem estar bem na sua frente.

Numa viagem que fiz para uma ilha, o aviãozinho que nos levaria era muito pequeno e, como eu e meu marido chegamos atrasados, nos colocaram no fundo do avião, onde não havia nenhuma janela. Sou um pouco claustrofóbica e, apesar de viajar muito, avião não é o meio de transporte de que mais gosto no mundo, menos ainda dos pequenos. Fiquei nervosa, prevendo que 30 minutos naquele "teco-teco" me apavorariam. Disse que gostaria de ficar mais para a frente, mas o piloto disse que não podia trocar em função da distribuição de peso. Insisti e disse que não me sentiria bem. Nada, sem acordo. Então, gentilmente, perguntei a uma senhora que estava numa janela se poderia trocar de lugar com ela, visto que tínhamos um peso semelhante. Ela se negou, disse que não poderia trocar por também não gostar de avião e ficar nervosa. Ficamos na mesma situação. Quase desistindo, perguntei à mesma senhora porque ela não poderia trocar e ela respondeu que, como tem medo, preferia ficar ao lado do marido. Bingo! Tirei meu marido lá de trás do avião e nós dois trocamos de lugar. Fui na janela, como gostaria, e a senhora ao lado do marido, mais atrás.

Perguntar de forma clara, em vez de supor respostas, é um ótimo caminho para solucionar conflitos e desenvolver a criatividade.

Dentro das organizações, essa dificuldade de comunicação também é comum. Apesar de os livros e cursos de administração e RH ressaltarem constantemente a importância da comunicação para o sucesso da empresa, os profissionais ainda se enroscam em várias barreiras para se entenderem.

Uma das situações muito comuns que mostram como os profissionais têm dificuldade em entrar em contato com os sentimentos dos colegas e fazer uma troca verdadeira é a hora de receber e dar feedback.

Quem recebe pode ter medo de que as próprias inadequações sejam percebidas por outras pessoas. É comum ficarmos na defensiva quando nos sentimos ameaçados ou atacados. Além disso, quem recebe o feedback teme por sua reputação na empresa e não gosta de saber que está contribuindo para alimentar um problema.

Quem dá o feedback pode acabar usando essa oportunidade para mostrar que é superior, em vez de pensar na utilidade daquilo para quem está ouvindo. O ser humano tem prazer em dar conselhos – e pode acabar colocando isso na frente do objetivo mais importante, que é ajudar o outro a crescer. Mais uma vez o individualismo aparecendo aí.

Quem dá feedback também corre o risco de fazer um desabafo pessoal sobre o que o incomoda no outro – e que não necessariamente tem a ver com os resultados para a empresa – e ser parcial em sua avaliação.

O feedback é apenas um exemplo de várias situações em que o entendimento acaba comprometido e deixa as relações e negociações mais difíceis na empresa:

» Quando existe uma grande diferença cultural entre as pessoas e elas acham que não devem se misturar ou não se dão ao trabalho de trocar experiências e vivências.

» Nas relações entre chefe e subordinado em que a relação de poder provoca uma distância e trava o entendimento.

» Quando se tem um preconceito em relação a alguém. Ideias e juízos pré-formados impedem que as pessoas procurem compreender os fatos.

» Se o ambiente de trabalho está cheio de pessoas com os nervos à flor da pele, isso impede o diálogo e a compreensão.

» Quando há um grupinho que não leva sério o que é falado e faz brincadeiras inadequadas.

» Pode acontecer também de as pessoas não entenderem o que foi dito e interpretarem-no de maneira errada.

De intenções destrutivas o mundo está cheio

Não direi aqui que somos sempre os maiores responsáveis pelas dificuldades em conseguir bons resultados. Para complicar ainda mais a vida, também não faltam pessoas que agem de má-fé, no melhor estilo "vou puxar o seu tapete", e situações que nos levam a um acordo pouco justo. Levante a mão se você passou por alguma das seguintes situações:

» Dedicou-se horas, dias, meses num projeto e, então, na reunião com a diretoria, o seu gestor apresentou o projeto como sendo dele?

» Conquistou um cliente difícil e, depois, outro colega passou a "intermediar" as negociações, jogando você para escanteio?

» Fechou uma parceria, trabalhou duro, começou a ganhar muito dinheiro e a empresa achou que não precisava mais de você?

» Cultivou um fornecedor leal, parceiro do seu negócio, que entregava todos seus pedidos mesmo dentro de prazos apertados e, então, veio a orientação da empresa de seguir sempre o menor orçamento, mesmo que isso significasse prejudicar o trabalho, por ter um fornecedor nem tão competente e nem tão capaz de auxiliá-lo a evitar problemas com prazo?

» Estava na linha de promoção, mas, como não apoiou um projeto em que não confiava, contrataram um novo funcionário para o cargo que seria seu caso tivesse sido promovido.

Isso tudo acontece por uma razão clara: na hora de conseguir o que querem, seja no trabalho, seja na vida pessoal, as pessoas estão sempre imbuídas de alguma intenção. Há intenções construtivas, mas também as destrutivas. Muitas vezes, não nos damos conta disso e agimos sem pensar no que está nos motivando. Reuni alguns dos exemplos mais comuns de intenções e como elas podem nos prejudicar.

Quando alguém quer apenas uma fatia justa – Este é um objetivo frequentemente citado por diversas pessoas. Porém, a percepção de justiça pode ser diferente, e quando cada um tem uma visão distinta de justiça, é preciso entrar em um acordo, o que nem sempre acontece. Afinal, no geral, as pessoas que se acham justas acabam sempre imaginando que estão sempre certas e as outras estão erradas.

Quando há o desejo de vencer – Esta é a atitude do indivíduo competitivo no jogo "soma zero". Geralmente, as pessoas confundem "ganhar" com o que deveria ser seu objetivo, ou seja, conseguir o que querem. Algumas negociações são inviáveis porque uma das partes acha que não está "ganhando" – e então elas não se concretizam.

Quando o objetivo é não perder – Alguns profissionais, como advogados e auditores, são treinados para defender seus clientes, podendo tender a se concentrar em não perder. Essa é uma motivação poderosa, mesmo quando nos leva a ações contrárias aos nossos interesses. Muitas vezes, as pessoas definem seus valores-limite com base em custos embutidos. Definindo "não perder" como tentar obter mais do que o outro lado. Então, a única política segura é ter certeza de que o outro lado ficará com zero, mesmo se isso signifique a eliminação dos benefícios potenciais para ambos os lados.

Quando se quer tudo e mais um pouco – Este pode ser um objetivo viável a curto prazo. Por exemplo, quando uma pessoa está negociando a compra de um carro. Ela sabe que a montadora está com estoque e precisa desovar seus produtos. Então, quer desconto, IPVA pago, vidros elétricos inclusos e tanque cheio. Não sabe se darão tudo isso, mas pode tentar. A concessionária pode dizer "sim" ou "não". E mesmo que o comprador consiga tudo o que quer, a loja não deixará de vender para ele na próxima vez. Em outros casos, porém, as consequências podem ser ruins a longo prazo para aquele que quis tudo e mais um pouco. Se a outra parte sentir que saiu perdendo, pode se recusar a participar de futuras negociações ou se focar em acertar o placar na próxima vez. Ou seja, a próxima conversa será mais dura e quem saiu ganhando da última vez, terá de ceder bem mais na seguinte. Outro estrago causado por quem vai com muita sede ao pote é na própria reputação. As notícias se espalham rapidamente.

Quando se deseja fazer um acerto de contas – Esta intenção, que podemos chamar também de vingança, raramente produz benefícios. Na verdade, o que ela faz é aumentar as perdas para ambos os lados. Ainda assim, é muito corrente e recorrente. E é também comum o fato de as pessoas não considerarem a propensão para vingança por parte do outro lado.

Como você pode ver, não faltam intenções e situações que complicam, em vez de facilitar, o caminho para as pessoas se entenderem e chegarem a acordos bons para todos. Será que você está vivendo no meio delas e não consegue sair?

QUANTAS OPORTUNIDADES VOCÊ DEIXOU ESCAPAR?

Se por um lado existem pessoas de má-fé e situações que atrapalham uma boa negociação, por outro existe você agindo de uma determinada maneira que talvez não o ajude a ter o melhor resultado nas negociações. O momento agora é de entender por que você tem deixado de tentar fazer o que quer – chegar aonde deseja.

Recentemente, Robin Wright, que interpreta Claire Underwood na série *House of cards*, se juntou ao coro de atrizes norte-americanas que reivindicam equiparação salarial com seus pares masculinos. A atriz, de 50 anos, disse, em uma conferência na Fundação Rockefeller, em Nova York, em maio de 2016, que havia dado um ultimato aos responsáveis da ficção para que seu salário fosse equiparado ao do ator que interpreta seu marido na série, Kevin Spacey.

Disse algo como: "Quero que vocês me paguem o mesmo que para Kevin. Há muito poucos filmes ou séries de televisão em que as mulheres e homens são representados igualmente, e *House of cards* é um exemplo. É o paradigma perfeito". Wright, que também interpretou Kelly Capwell na série *Santa Barbara*, percebeu "que a personagem Claire era mais popular do que Frank em alguns períodos da série. Queria aproveitar esta realidade e lhes disse: 'ou vocês me pagam melhor ou torno esta situação pública'. E pagaram".

Talvez você já tenha aceitado um emprego sem negociar o salário. Pode ser que você tenha deixado de entrar em um acordo com alguém por medo de receber um "não" ou de perder. Ou, então, sempre sente dificuldade de fazer parcerias que sejam boas para o seu negócio.

Em algum momento da sua vida, talvez você tenha tido a impressão de que nunca consegue cobrar o valor justo pelo serviço que prestou.

Pode ser que você tenha fracassado na entrega de um resultado por ter dificuldade de conseguir se conectar com pessoas que poderiam ajudá-lo. Ou tenha desistido de dar um passo importante na carreira por medo de tentar e dar errado.

Se já passou por uma ou algumas das situações que citei, não precisa se culpar ou ficar se lamentando, achando que existe alguém mais esperto do que você conquistando aquilo que você deseja. O primeiro passo para a virada que mudará para muito melhor os resultados que você tem na vida está no autoconhecimento. Por isso, você verá agora quais são os seis principais perfis de pessoas que têm dificuldade de chegar ao seu objetivo quando ele depende de relacionamento e negociação.

Tipo 1: Quem desiste fácil

"Não" é a pior palavra para quem desiste fácil. Imagine uma pessoa que, diante da primeira adversidade, desaba. Talvez você seja ou tenha sido essa pessoa. Pense em alguém jovem que está começando a desbravar a vida. Concluiu a faculdade com notas boas e, agora, a hora de encarar o começo da vida adulta. Mas a vida adulta é muito difícil. A vida adulta é repleta de "não" – só que esse jovem brilhante não consegue ouvir uma negativa sem desmoronar. Talvez porque tenha sido superprotegido pelos pais, pelos professores, pelos amigos ao longo da vida. Talvez porque ainda não tenha precisado enfrentar o mundo real.

De todo modo, esse jovem, cheio de sonhos, não consegue enxergar além das negativas e, toda vez que alguém discorda de uma de suas ideias ou diz que não é possível fazer exatamente o que está sendo proposto, sua única atitude é reclamar. Em vez de usar o "não" como um instrumento para repensar as suas estratégias, ele se sente desmerecido e se fecha em si mesmo, numa insatisfação constante.

Isso acontece quando ele descobre que a namorada prefere gastar suas economias em uma viagem de férias com suas amigas, e não em uma viagem pela Europa com ele; ou quando ele escuta do chefe que aquele projeto pelo qual trabalhou durante meses tem falhas e não é tão impecável quanto pensava. Como tem dificuldade para entender o que uma negativa quer realmente dizer e fazer uma contraproposta, negociar de fato para atingir os melhores objetivos, ele simplesmente desiste. Depois parte para um novo namoro, um novo emprego, um novo objetivo... E a cada "não", procura outra coisa. Em seguida, a cada coisa nova, recebe um novo "não" que é, mais uma vez, o gatilho para a procura de outra coisa. Até que chega a hora em que, de tanto medo de levar um não, esse jovem, que era tão esperançoso e criativo, para de fazer sugestões e fica com medo de ousar ou de dizer o que quer – tudo por não conseguir negociar com quem lhe diz "não".

Tipo 2: Quem se acha um perdedor

A vida de quem tem certeza de que nasceu para fracassar não é nada fácil. Primeiro porque qualquer situação adversa é vista como uma perseguição do universo. Claro que, às vezes, passamos por uma maré de notícias ruins e ações que dão errado. Mas quem se acha um perdedor sente isso na pele todos os dias. Podem ser coisas pequenas como esperar horas a fio em um restaurante porque a reserva não tinha sido confirmada no dia anterior ou encontrar um item incrível em liquidação, correr para a loja e descobrir que o desconto perdera a validade.

Porém, essas pequenas coisas vão minando a pessoa que acha que é azarada, a autoestima cai e, quando é o momento-chave de tomar uma atitude drástica, negociar com ênfase para conquistar um grande objetivo, ela não se sente pronta porque não acredita em si mesma – e fica apenas lamentando a sua falta de sorte. Ou, então, pensa que existe sempre alguém mais esperto conquistando aquilo que ela almeja.

Talvez você tenha se sentido assim em algum momento da sua vida. Talvez tenha passado por uma situação parecida com esta: você dá duro no trabalho, chega antes de todo mundo, sai mais tarde quando está em uma semana cheia, consegue (na medida do possível) cumprir todos os prazos que seu chefe passa – prazos que não são simples –, e até dá boas ideias para resolver problemas que estão rondando a cabeça de todo mundo. Você se senta ao lado de um colega, com o mesmo cargo que o seu e que, sinceramente, não é tão eficiente quanto você – e todo mundo sabe disso. Contudo, ele é ótimo em se relacionar com as pessoas e é ótimo comunicador, embora você não entenda como ele sempre consegue convencer os outros de que tem razão sobre algum ponto estratégico.

E você? Bem, você tem um pouco de receio de se mostrar – tem medo de que seu azar contamine também o ambiente de trabalho, uma vez que as coisas parecem que caminham bem para os colegas. Então, você fica na sua. Você sempre fica na sua. De repente, um dia você entra no escritório e todos estão comemorando a promoção do seu colega de baia – e você nem sabia que havia a possibilidade de alguém ser promovido na sua área, nem imaginava isso, afinal, a empresa passava por um momento de crise. Então, tudo o que você faz é pensar e acreditar em quanto é mesmo um azarado.

O perdedor não é quem não lutou, é quem desistiu diante dos obstáculos. O perdedor sabe fazer três coisas bem-feitas: reclamar, dar desculpas e acusar. Inclusive, ele faz isso com maestria. A culpa é sempre do outro: do chefe, do cliente chato, do concorrente, da economia...

Em momentos de crise, o perdedor afunda ainda mais. Isso porque a crise é boa para quem é forte. Os bons enxergam nas crises oportunidades de avançar, não se intimidam com o cenário desfavorável, encontram soluções e trabalham com perseverança para vencer. Só que quem age assim não é a maioria. Contam-se nos dedos quantas pessoas venceram apesar de todas as previsões desfavoráveis.

Tenha certeza de que essas pessoas não acusaram ninguém, não reclamaram da situação e não ficaram dando desculpas para não seguir adiante na vida, na carreira e nos negócios. Vários empresários brasileiros enfrentaram momentos difíceis, e não desistiram. João Dória Jr. é um deles. Dória Jr. tinha seis anos de idade em 1964, quando o pai, deputado federal, foi cassado e exilado. A família viveu dois anos no exterior sem quase nenhum dinheiro e, na volta ao Brasil, sem o pai que ainda não poderia retornar por razões políticas, tinha poucos recursos para se reerguer e, mesmo assim, Dória Jr. perseverou. Hoje, ele é um dos empresários mais bem-sucedidos do país e um dos grandes nomes brasileiros, exemplo para uma geração. Perseverou na alma.

Chris Gardner, interpretado pelo ator Will Smith no emocionante filme *À procura da felicidade*, é outro desses exemplos tocantes. Na década de 1980, o Gardner da vida real fazia um estágio não remunerado para se tornar corretor de ações. Na época, ele morava no banheiro de uma estação de metrô em Oakland, na Califórnia, junto com o filho de dois anos de idade. Os dois dormiam juntos no piso do banheiro (e você ainda está se sentindo um perdedor?). Toda manhã, Gardner vestia o único terno que tinha, deixava o filho na creche e seguia para seu estágio. O americano concluiu o curso como o melhor aluno da turma e ganhou muitos milhões de dólares depois disso.

Tipo 3: Quem não quer desagradar

Algumas pessoas sentem medo de desagradar. No fundo, são perfeccionistas e querem ser adoradas pelos outros. Teoricamente, não tem nenhum problema em querer isso. Afinal, uma vida feita só de inimigos é terrível e precisamos conquistar algumas pessoas que são estratégicas para as nossas vidas.

O problema é quando o medo de ser desagradável aos outros impede que você conquiste seus objetivos, o que é essencial para a sua vida. Pode ser uma moça que, apaixonada, não consegue convencer os pais de que não é preciso um casamento com uma festa deslumbrante para ela ser feliz com o noivo, que uma cerimônia simples seria mais especial para ela – e que não quer esperar dois anos para se casar apenas porque não há data na igreja em que a mãe gostaria que fosse a cerimônia. Ou um executivo que atura um membro pouco eficiente da equipe e deteriora o clima interno dela apenas porque o funcionário está há tanto tempo na empresa que o executivo receia dar um feedback negativo ou, no limite, demiti-lo. Um pai que, pressionado pela culpa de não ter todo o tempo que gostaria ao lado dos filhos, não consegue colocar limites nas crianças e elas fazem o que bem entendem em casa.

Quem age assim prefere nem tentar fazer algo diferente ou impor a própria opinião. O medo de desagradar é tão grande que impede a pessoa de se impor. Como não tem ferramentas para persuadir e negociar, ela fica simplesmente aguentando o que os outros querem. Não vive a vida que gostaria de viver. Se sente uma coadjuvante da própria existência. Tudo porque não quer que os outros tenham raiva dela – uma raiva que nem é real, é imaginada.

Tipo 4: Quem não consegue criar laços

Construir relacionamentos duradouros é uma tarefa difícil. Requer um pouco de sorte, claro, porém, mais do que tudo, trabalho duro. Manter uma amizade é algo trabalhoso, ainda mais em uma época em que todo mundo tem um milhão de compromissos que impedem as pessoas de se encontrarem – você já deve saber que ter 700 amigos no Facebook não significa nada, principalmente se você não tiver com quem contar quando perde o emprego ou compartilhar aquela promoção. Isso vale, até, para as empresas que têm, entre seus grandes desafios atuais, transformar os fãs em clientes lucrativos. A Millward Brown, uma das maiores companhias de pesquisas de marca do mundo, desenvolveu uma pesquisa batizada de BrandZ, em que analisa os indicadores de performance das marcas. O estudo revelou que nem sempre uma empresa muito lembrada pelos consumidores (e com muitos seguidores nas redes sociais) é a mais bem-sucedida do setor. É muito comum que as pessoas se lembrem de determinada marca quando pensa sobre um produto – mas isso não determina isoladamente a etiqueta do produto escolhido.

Ou seja, tanto as pessoas quanto as empresas precisam cultivar relacionamentos que rendam frutos. Quem não consegue, acaba tendo prejuízos pessoais e profissionais.

Pense em uma pessoa que teve uma ótima ideia de um projeto inovador no trabalho. O insight pode ajudar a empresa a ter uma economia tremenda de custos se for colocado em prática. Mas para a ideia sair do papel, é preciso negociar com várias pessoas. Não apenas com o chefe direto como também com outras áreas, com outros diretores, com outros colegas. O que essa pessoa precisa é encontrar parceiros que a ajudem a colocar a ideia de pé. Contudo, isso não é tão simples. É necessário circular – e mostrar que a sugestão tem, sim, relevância. Mesmo que todo mundo precise trabalhar um pouco a mais para fazer dar certo. Agora, se a timidez for muito grande, essa pessoa não sai do lugar. Fica paralisada com uma ideia incrível que, além de ajudar a empresa, ajudaria a ela também. Afinal, quem consegue inovar, faz o trabalho aparecer, fica sendo visto como um profissional talentoso e de alto potencial e, de quebra, consegue fazer a carreira decolar. Tudo aqui gira em torno de negociação e motivação – negociar com as pessoas estratégicas e motivar quem comprar a ideia. Só que quem não consegue criar laços não circula e não tira as ideias do papel.

Tipo 5: Quem tem medo de mostrar seu valor

Quando alguém está em um momento crítico da vida, às vezes, toma decisões precipitadas e não mostra todo seu talento. Imagine uma pessoa que está há meses procurando um emprego. Não porque seja incompetente, longe disso. Trata-se de um profissional brilhante, em ascensão, mas a empresa em que trabalhava ia tão mal que cortes foram necessários – e aí sobrou para ele. Com o dinheiro da rescisão e pensando que o que tinha na poupança seguraria as pontas por algum tempo, resolveu fazer alguns cursos de atualização e dar uma melhorada no inglês, tudo para não ficar estagnado. Mas a economia estava desacelerada. As empresas não estavam contratando e, entre seus amigos e antigos chefes, não surgia uma indicação, uma vaga, uma esperança.

Até que um dia foi chamado para uma entrevista em uma empresa que admirava, com valores em que acreditava e com um modo de enxergar o mundo parecido com o dele. O cargo era ótimo, um desafio profissional. Tão desesperado por um emprego e, mais do que isso, por aceitação, nem perguntou sobre salário na entrevista. Nem prestou atenção direito ao valor. Não que isso não fosse importante. Era importante. Mas ele achava que a empresa estaria fazendo um favor se o contratasse. Foi contratado para ganhar muito menos do que seu último contracheque apontava – e para fazer muito mais. No começo, a novidade compensava a pouca grana, mas, depois de uns meses... A forte pressão por resultados e a falta de recompensa financeira começaram a minar a energia desse profissional. Seu rendimento caiu no trabalho e ele foi ficando infeliz. Até conversou superficialmente sobre um aumento com a chefe, porém, como era uma época difícil para a economia, isso estava fora dos planos da empresa. Contudo, se ele tivesse falado sobre isso na hora da contratação, talvez a história fosse outra.

Esse comportamento é comum quando o assunto é negociar salário – e também um grande passo para trás quando se trata de conquistar o que você quer. Um levantamento do site americano Salary.com apontou que um profissional que não negocia seu salário pode deixar de ganhar 1 milhão de dólares ao longo de 45 anos de carreira. Outra pesquisa, essa da revista de negócios *Business Insider*, realizada em maio de 2015 com 548 jovens profissionais, apontou que 82% deles não negociam o primeiro salário – e esta dificuldade de negociação afeta principalmente as mulheres. Segundo uma pesquisa do site de empregos

Catho, enquanto 36,1% dos homens rejeitam a primeira proposta salarial, somente 24,1% das mulheres têm a mesma atitude.

Quem tem medo de mostrar o próprio valor não pode reclamar de não ter o trabalho valorizado pelo chefe. A matemática é simples. A conta nunca fechará se você não negociar.

Tipo 6: Quem se considera superior aos outros

A pessoa que age assim se acha tão melhor do que todo mundo que nem sequer admite que precisa negociar ou convencer alguém do que quer que seja – afinal, na cabeça desse indivíduo, ele está o tempo todo com a razão. Além de esbanjar esnobismo, quem tem esse perfil faz de tudo para convencer os outros de que o modo como ele enxerga a vida, os problemas e as soluções é que são os corretos – e que o restante das pessoas é ignorante por não concordar com ele.

Esse perfil, além de tudo isso, ainda é competitivo, pois se coloca em primeiro lugar e não considera a possibilidade de suas atitudes vir a prejudicar os outros – e não se importa com o que precisa fazer durante uma negociação para que o resultado seja aquele que desejava.

Sua postura é egoísta, pouco ética e inadequada. Seu objetivo é impor-se, é ganhar. Busca frequentemente fazer os outros se sentirem inferiores a ele. Sempre se supervaloriza e tende a reconhecer nos outros um valor menor do que eles têm. Está sempre pronto a dizer "não" se isso afastar os outros dos objetivos que só ele quer alcançar.

NÃO É PRECISO COMPETIR PARA NEGOCIAR BEM

Você conhece alguém que sempre acha que será passado para trás em uma negociação? Já viu alguém indo para a mesa de reuniões tremendo de medo, como se estivesse seguindo para um campo de batalha? Já ouviu alguma pessoa se referir a um negociador em tom pejorativo? É bem provável que sim. Isso por causa da má fama que a negociação infelizmente tem.

Erroneamente, muitas pessoas pensam que a negociação é algo maléfico, como se fosse um modo de conquistar objetivos não importa de que maneira, mesmo que por meios antiéticos. Assim como existe muita gente que não consegue vender seu produto porque tem preconceito em relação a vendas (acreditam, por exemplo, que na venda existe sempre uma malandragem com a intenção de tirar o dinheiro dos outros), há também quem pense que só existem negociações em que um ganha e o outro perde. Esse é o motivo pelo qual as pessoas não conseguem ter resultados mais favoráveis em seu trabalho e até mesmo na vida pessoal. Elas se limitam a acreditar que existe apenas um jeito de fazer as coisas – e que esse jeito é negativo. Estou falando da negociação competitiva, que é pautada pelas armadilhas da barganha. Esse é o modelo de negociação mais difundido, um clichê das negociações. Em muitos casos, continua sendo usado e pode, inclusive, trazer resultados. Mas nem sempre os melhores.

Pense em uma sociedade empresarial. Quantas vezes os sócios param de se entender e colocam todo o valor e história de uma empresa no lixo? Pense em um divórcio. Quantas vezes um dos cônjuges perde a cabeça e põe tudo a perder – material e emocionalmente – e, em alguns casos, prejudica o relacionamento com os filhos?

Identificar a negociação competitiva é bastante simples. Normalmente, as disputas costumam ter as seguintes características:

Negociadores se comportam como adversários – Os envolvidos na questão não querem saber de conversar para resolver os problemas amigavelmente. Encaram-se como antagonistas e querem apenas defender seu próprio ponto de vista.

O objetivo final é vencer – O importante é conquistar aquilo que se quer, quaisquer que sejam os meios usados para isso. A ética é jogada para escanteio e os negociadores pensam somente em ganhar.

Abuso de poder para garantir o resultado – Se um dos negociadores é mais forte, mais rico ou tem status social (ou profissional) mais elevado do que o outro, usará uma dessas características para conquistar o que quer.

Há a falácia do bolo fixo – Na teoria da negociação, o termo "bolo fixo" quer dizer que os interesses das pessoas envolvidas na negociação são, necessariamente, opostos. Dizem Yann Duzert e Alain Lempereur: "É o jogo do ganha-perde. Pressupõe-se que não há mais nada para discutir ou possibilidades de se expandir as opções, como um bolo fixo, em que se discute quem fica com o filho numa separação ou o custo final de um produto". Ou seja, os negociadores não concebem outros valores além do objeto da negociação e desejam abocanhar a maior parte do bolo.

Muita energia, pouco resultado – A negociação competitiva é extremamente cansativa porque nenhuma das partes quer entrar em consenso. Então, briga-se muito, atingindo resultados quase nunca satisfatórios.

Foco nas divergências – Um negociador competitivo costuma direcionar o foco das conversas para as diferenças entre as pessoas, e não para as semelhanças. Isso afasta os outros e não produz bons resultados.

Levar tudo para o lado pessoal – Não é raro que os negociadores competitivos usem e abusem de argumentações que fogem do objetivo da conversa simplesmente para levar a discussão para o lado pessoal e atacar as partes envolvidas nas negociações.

Foco na posição, e não nos interesses – O negociador valoriza mais a posição que assumiu do que os interesses de ambas as partes. Por isso é tão difícil encontrar uma saída ou consenso para os envolvidos.

Na negociação competitiva, para cada ganho, existe uma perda correspondente, o que se consegue é apenas o ganha-perde. Isso quer dizer que os envolvidos encaram o momento de negociação como uma disputa: alguém sempre terá de perder para que alguém possa ganhar. O que é ruim para todos, pois nunca se chega a um consenso. Existem alguns tipos clássicos de negociadores que agem nesse contexto em que a negociação é um jogo de perde-ganha ou ganha-perde. Certamente você já se deparou com um deles – ou até mesmo com todos eles! Apresentarei esses perfis e explicarei por que a conduta que assumem pode comprometer o resultado da negociação:

Agressivo – Impõe respeito e gera resultados, contudo, ignora os interesses alheios e gera medo, não se preocupa com o relacionamento nem com o sentimento gerado pela negociação.

Colaborador – Flexível e demasiadamente amigável, evita dizer "não". Pode criar fama de submisso e não ser respeitado por não atingir resultados eficazes.

Calculista – Detalhista, segue regras, planeja racionalmente, mas pode demonstrar frieza e lentidão na decisão.

Impulsivo – Agitado, faz várias tarefas ao mesmo tempo, age conforme o contexto, mas pode decidir sem pensar e começar várias coisas e não terminar. Pode fazer concessões sem refletir e prejudicar o resultado final.

Sedutor – Carismático e otimista, contudo, pode ser considerado muito político e manipulador.

No Brasil, muitas pessoas ainda pensam e agem nesses estilos de negociação e acabam negociando de um jeito que não funciona. Uma pesquisa feita com 1.204 pessoas mostrou que 70% dos entrevistados não sabem negociar porque desconhecem – ou conhecem e não usam –, técnicas específicas para isso. E há alguns pecados que os brasileiros costumam cometer na hora da negociação, por exemplo:

Falta de planejamento – Aquela velha história de que, com jeitinho e improvisação, tudo se acerta.

Dificuldade de escutar os outros – Dar ouvidos só às próprias convicções é mortal para a continuidade da negociação.

Não se comunicar bem – Há certa dificuldade em dizer claramente o que se deseja e de mostrar, com critérios racionais, como determinado objetivo poderá ser alcançado.

Mostrar as fraquezas do interlocutor – Isso expõe o negociador cujas fraquezas foram aludidas e prejudica qualquer acordo.

Ser pouco flexível – As pessoas tendem a acreditar que só pela manipulação conseguirão o que querem dos outros.

Não ponderar as vantagens e desvantagens da proposta alheia – Quem tem essa atitude acaba sendo rígido demais e não encontra um meio termo.

Usar artimanhas para conquistar o que quer – Ter uma imagem imoral é prejudicial.

Não saber exatamente o que quer – Ir e voltar nas decisões, sem ter um foco específico, não ajuda em nenhuma negociação.

Se a negociação é algo inerente ao ser humano, está mais do que na hora de cada um de nós rever como estamos fazendo isso. E já que a negociação competitiva não é a melhor opção, para que lado podemos ir?

Hoje há uma tendência em se perceber que a boa negociação deve ser baseada na criação de laços e no bom relacionamento com os outros. Esse tipo de abordagem tem se mostrado mais eficaz, produtivo e duradouro. Na visão de Max Bazerman e Margaret Neale, autores de *Negociando racionalmente*, nem sempre receber um "sim" é o melhor resultado em um acordo – em alguns momentos, pode ser melhor não fechar um acordo na primeira oportunidade e tentar uma solução mais favorável lá na frente.

De acordo com Scare e Martinelli, negociação "é um conceito em contínua formação que está amplamente relacionado a satisfação de ambos os lados".

Para esses autores, ocorreu uma mudança de foco no objetivo do negociador ao longo de sua história. No passado, o negociador buscava resultados satisfatórios momentâneos, mais centrados na transação em si. Atualmente, esse mesmo negociador está mais focado em aspectos relacionais, duradouros e contínuos, que abram a possibilidade para novas negociações no futuro, que melhorem o relacionamento, enfim, para que a médio e longo prazo sejam atingidos benefícios para todos os envolvidos na negociação. É exatamente sobre essa tendência de uma negociação mais cooperativa e humana que falarei aqui.

Melhor entendimento, melhores acordos

Interesses entre duas partes podem ser semelhantes, diferentes ou antagônicos. E isso fará toda a diferença em uma negociação. Você precisa conhecer os seus interesses – pode parecer óbvio, mas nem sempre as partes têm clareza do que desejam naquele acordo – e os da outra parte para achar pontos em comum e, a partir dessas informações, começar a negociar. Esse é o ponto de partida para iniciar uma negociação que vai na contramão da negociação competitiva.

A melhor notícia que posso dar é que essa nova postura para negociar está intimamente ligada à natureza humana. Ou seja, você não precisa se reinventar para acionar em si mesmo a capacidade de negociar com foco em cooperação. Basta se conectar com a sua essência e com as outras pessoas. Pense comigo: o que as pessoas querem? Querem ser compreendidas, querem ser ajudadas. Quando há esse entendimento, a sua abordagem muda, pois você deixa de olhar a pessoa com quem está negociando como um rival que precisa ser derrotado. Surge uma nova postura e torna-se possível estabelecer uma forma mais agregadora de fazer os objetivos de ambas as partes serem satisfeitos sem que uma delas se sinta lesada.

A Universidade Harvard, fundadora de um dos programas de negociação mais conhecidos no mundo, defende a negociação cooperativa, que enfatiza o relacionamento para o sucesso das negociações e propõe os seguintes pontos:

Separar as pessoas dos problemas – Como? Sendo duro com o problema e suave com as pessoas. Este é um dos grandes diferenciais que tornam a negociação mais produtiva. Desta forma, atacamos com precisão e foco os problemas para que sejam resolvidos adequadamente e, ao mesmo tempo, reconhecemos e respeitamos as emoções e necessidades alheias sem que estas sejam envolvidas no ataque aos problemas.

Manter o foco nos interesses – Um dos desafios da negociação cooperativa é nos colocarmos no lugar do outro para concentrar nossos esforços na busca de soluções que visem um acordo ganha-ganha e uma proposta irrecusável.

Criar opções em que ambos os lados ganhem – Uma maneira de fazer isso é por meio de brainstorming. O recomendado é abrir espaço para a criatividade e a troca de ideias para acessar a maior possibilidade de soluções para o problema em questão. Opções são soluções que compatibilizam os interesses das partes envolvidas na negociação. Inventar primeiro, escolher a melhor opção depois.

Usar critérios objetivos – É preciso fazer sempre uma análise crítica sobre as ideias que surgiram e as opções construídas para checar se elas ajudarão a chegar ao objetivo inicial. É muito importante que, mesmo com todo o espaço para o diálogo, o propósito da negociação seja mantido. Isso significa que as soluções têm de ser suficientes, realistas e operacionalizáveis e possam ser legitimadas por critérios objetivos.

Observe que, em um primeiro momento, é preciso apostar na empatia, na arte de se colocar no lugar do outro. Só depois disso é que será possível evoluir para a construção conjunta de soluções. Essa é a grande sacada, que difere da negociação competitiva. Nesse ponto, os personagens da negociação deixam de ser oponentes ou competidores e viram parceiros. Tais soluções devem ser legitimadas por critérios objetivos.

Com a criação de um relacionamento duradouro entre as partes, os acordos serão tratados como compromissos que serão cumpridos. Nesse modo de negociar, as pessoas se comprometem juntas com o resultado. Tudo interligado por um processo de comunicação claro e coeso, de alta qualidade. A comunicação é a linha que une esses pontos e gera relacionamento. É ela que faz germinar uma confiança mútua que modificará a percepção de risco entre as partes, agregando valor para elas, reduzindo, assim, o risco de se desperdiçar a oportunidade de satisfazer os interesses das partes.

Em todo esse processo, existe um ponto que considero crucial e é sobre ele que falarei neste livro: o relacionamento. Um negociador amador começa pela substância, aquilo que está em jogo, no centro do processo de negociação. Um negociador experiente começa pelo relacionamento. Ele é focado em resultados, mas os constrói de forma a garantir a sustentabilidade do processo no longo prazo. **Não existe negociação sem amanhã. Se não existir amanhã, é apenas uma transação comercial.**

O americano William Ury, um dos maiores experts em negociação e fundador de um curso sobre o tema na Universidade de Harvard, diz: "negociar é desenvolver qualquer comunicação interpessoal em mão dupla, na tentativa de chegar a um acordo entre as partes". Em outras palavras, negociar é conseguir se conectar com outra pessoa para estabelecer uma relação que renda um resultado satisfatório a todos os envolvidos. Essa definição é perfeita sobre negociação – e sobre a nossa própria existência. Quando você consegue entender esse conceito, estará mais perto de obter os resultados que espera ao negociar.

Negociar tem tudo a ver com se relacionar bem com as pessoas. Relacionamentos são fundamentais para você conquistar o que deseja. Um relacionamento nada mais é do que uma conexão que é percebida por você e pelos outros. Essa conexão pode ser psicológica, econômica, política ou interpessoal. Isso é algo que os grandes líderes, por exemplo, entendem perfeitamente. Independentemente de seus *backgrounds*, os líderes sábios trabalham para estabelecer conexões fortes porque a liderança eficaz depende muito disso. Sabem que precisam de pessoas conectadas a eles para conseguirem atingir seus objetivos. Um líder não pode agir sem aliados, sem conexões. E qual é a mais forte das conexões? A confiança. Os grandes líderes sabem disso e por isso são exímios negociadores. Com essa habilidade altamente desenvolvida, eles conseguem ter grande poder de persuasão para transformar bons contatos em conexões fortes. Por isso, negociar não deve ser visto como algo ruim: a negociação relacional, quando bem-feita, transforma a vida das pessoas – para o bem. E você também pode ter a sua vida transformada por essa técnica.

Pare para pensar: quantos negócios são construídos na base do relacionamento? A resposta: praticamente todos. Não há nenhum executivo ou empreendedor que consiga tocar seu negócio sozinho. A ajuda dos outros é sempre necessária. Afinal, é preciso ter funcionários engajados, sócios em que se possa confiar e, claro, clientes que se encantem com aquilo que é oferecido. É nisso que acredita, por exemplo, o meu amigo César Saut, vice-presidente da Icatu Seguros, seguradora independente com foco em previdência privada, vida e planejamento financeiro.

A empresa foi fundada em 1991 com um objetivo simples: ajudar as pessoas a se prepararem financeiramente para cada etapa de suas vidas. A Icatu Seguros lida com temas complexos, como envelhecimento e morte, por isso, precisa estabelecer um contato muito próximo com os clientes para que eles se conscientizem sobre a importância de ser previdente. Quando perguntei ao César a importância do relacionamento para a Icatu, ele me disse: "O relacionamento é a base do nosso negócio para a multiplicação da consciência de que a pessoa envelhecerá e, a qualquer tempo, pode morrer. Isso não é um raciocínio simples. Assim, meu diferencial competitivo é me relacionar melhor que os outros. Enquanto alguns bancos mandam seus clientes ligar para o 0800, eu descentralizei minha estrutura que me dá mais agilidade e me faz manter um atendimento no nível da excelência".

O interessante é que César usa esse raciocínio da importância dos relacionamentos não apenas para atrair clientes, mas também para cuidar de pessoas importantíssimas para a empresa: os colaboradores. Ele me contou que o comportamento de um de seus funcionários mudou repentinamente. E isso chamou a atenção dele e de outras pessoas na empresa. "Eu o chamei para conversar e fiz três perguntas: você ou alguém na sua família está enfrentando algum problema de saúde? Está com algum problema sentimental? Com as respostas negativas, continuei: você está devendo para alguém? Nisso, ele começou a chorar e desabafou. Era esse o seu grande problema. Pedi a ele, então, que colocasse suas contas em uma folha de papel, que resolveríamos juntos a questão", me disse César. Com uma conversa simples, o funcionário notou que tinha alguém com quem contar para resolver sua situação. Além disso, a empresa ainda evitou um problema: a desmotivação do profissional que, com a cabeça em outro lugar, poderia deixar de executar bem seu trabalho. Isso só foi possível porque, na Icatu, o relacionamento é levado a sério – e usado para o bem dos negócios e das pessoas. Essa história explica bem as relações positivas, tão importantes não porque geram sentimentos calorosos, mas porque geram confiança – um meio vital de assegurar que os outros estão trilhando o caminho que você quer que eles trilhem.

É verdade que qualquer ação proposta na mesa de negociação, ou feito por um líder em uma reunião estratégia, implica riscos. Mas quando você se conecta de verdade com o outro, tende a minimizar os riscos. Sabe a razão? É que as pessoas consideram mais seguras as propostas de alguém que conhecem bem e em quem confiam. Tanto é assim que uma pesquisa feita pela Universidade de Stanford, nos Estados Unidos, citada pelo psicólogo americano Travis Bradberry no livro *Inteligência emocional 2.0*, mostrou que as pessoas negociam melhor com quem já conhecem. Os pesquisadores pediram que alunos da universidade fizessem negociações durante uma aula. Primeiro, não receberam nenhum tipo de orientação dos professores e negociaram livremente – e só 55% deles conseguiram chegar a um acordo. Em um segundo momento, os alunos foram orientados a se apresentar e a contar um pouco sobre suas experiências e trajetórias antes de tentar convencer os outros. Com isso, 90% conseguiram chegar a acordos. Ou seja, quando você tem um relacionamento com uma pessoa, consegue negociar melhor. Isso vale para todos os momentos da sua vida. Pense, por exemplo, que você acabou de comprar seu apartamento e, agora, precisa reformá-lo. Tudo fica mais fácil quando você, antes de fechar com um arquiteto, conversa longamente com ele para que ele entenda quais são as suas prioridades e você entenda qual é o estilo dele. Se dessa conversa surge um bom relacionamento, todo o estresse da reforma poderá ser contornado – e você conseguirá mostrar a ele o que precisa e negociar preços, acabamentos, materiais.

Ao negociar, devemos ter sempre em mente o objetivo do acordo e, principalmente, lembrarmos que poderemos voltar a negociar com o mesmo interlocutor posteriormente. Também devemos lembrar que **é melhor perder um bom negócio do que fazer um mau negócio!**

A NEGOCIAÇÃO RELACIONAL
E A MULTIPLICAÇÃO DO SUCESSO

Existe um jeito de negociar com o potencial de fazer as suas negociações terem muito mais sucesso a curto, médio e longo prazo. Melhor do que isso: pode gerar frutos em quantidade cada vez maior e com mais qualidade. É o que chamo de Negociação Relacional.

Desenvolver as habilidades da negociação relacional é a solução para conquistar o sucesso na carreira, nos negócios e também na vida pessoal. Você verá que a base dela serve para qualquer tipo de relacionamento. Mas por que o mundo de hoje precisa desse tipo de negociação? A resposta é relativamente simples: a negociação relacional faz você ficar mais próximo das pessoas e, consequentemente, ajuda a entender melhor as motivações, fragilidades e fortalezas dos outros. Com isso, fica mais fácil chegar a um acordo, pois você saberá exatamente o que precisa oferecer em troca.

Para obter essas informações, é preciso se interessar pelo outro – e isso é justamente do que as pessoas precisam hoje. Elas querem ser ouvidas, querem que alguém preste atenção ao que estão falando e que as entenda. A vida corrida e individualista na nossa rotina acaba não dando espaço e tempo para que isso ocorra nas relações. Olhar de verdade para o outro virou artigo de luxo! Portanto, quem se empenha em entender o seu interlocutor sai na frente dos demais. A empresa que quer ouvir o que o consumidor precisa, o vendedor que procura entender o que seu cliente quer quando contrata um determinado serviço ou produto... Quando existe esse espaço para troca e entendimento, as partes envolvidas podem estabelecer laços de confiança que fortalecem a relação cada vez mais. Pense na base de uma amizade verdadeira ou de um casamento. É o mesmo princípio!

A negociação relacional pode fazer a diferença até mesmo nas situações em que um bom acordo entre as partes parece impossível ou, no mínimo, extremamente complicado. A história que contarei agora ilustra isso.

Há cerca de dez anos, o empresário Rafael Bezerra abriu sua empresa de eventos com sua então namorada, Márcia. Eles estavam juntos há cinco anos e decidiram que poderiam fazer uma boa parceria não apenas no amor, mas também no trabalho. Como o típico início de uma empresa, eles viveram um período de muito trabalho e incertezas, mas seguiram em frente não apenas nos negócios, mas também no relacionamento. No ano seguinte, casaram-se e tiveram o primeiro filho, Vinicius. A empresa também começou a crescer e em menos de um ano, com os ganhos do empreendimento, o casal conseguiu dar entrada no primeiro apartamento. Vieram mais tarde o segundo e o terceiro filhos, Miguel e Álvaro. As crianças trouxeram muitas alegrias para Rafael e Marcia, mas infelizmente a vida a dois não era mais a mesma. O casamento estava desgastado por motivos diversos e chegou ao fim.

Com a separação, eles tiveram de enfrentar um dos maiores desafios até então: manter a empresa viva e funcionando. E foi justamente nesse ponto que aplicaram, mesmo sem saber, conceitos do que eu chamo de negociação relacional. Os dois sabiam que a empresa era (e continua sendo até hoje) a única fonte de renda tanto para um quanto para o outro. E viram que a melhor saída seria entrarem em um acordo. Seu propósito maior era proteger os filhos e garantir a eles uma estabilidade financeira e emocional. Isso os fez trabalhar firme para manter a organização no curso natural, sofrendo o mínimo de reflexos da separação do casal.

Não foi um processo simples. Foram necessárias muitas mudanças organizacionais, financeiras e de processos. Tudo para se adequar à nova realidade dos sócios. Agora era necessário separar muito bem o dinheiro do Rafael, da Márcia e da empresa. A organização deixou a condição de empresa familiar e saiu beneficiada dessa mudança.

Mesmo com o fim do relacionamento, Rafael e Márcia conseguiram manter a relação profissional inabalável e cada vez mais forte. Ambos tiveram uma postura bem diferente da competitiva. Quantas vezes ouvimos casos de ex-cônjuges que fazem de tudo para prejudicar um ao outro? Quando esse tipo de postura impõe o tom, não se pode esperar nada além de uma negociação altamente competitiva de onde sairão farpas, brigas e poucos acordos em que as duas partes ficarão satisfeitas. Sabemos bem que o fim desses processos é desgastante e triste. Além do abalo emocional de ambas as partes, o resultado da partilha financeira é percebido como injusto. Rafael e Márcia foram sábios ao escolher outro caminho.

A negociação relacional e a multiplicação do sucesso 57

O empenho de Rafael e Márcia para entrarem em bons acordos para todos exigiu a adoção constante da política do cede-cede que foi essencial nesse processo, e o resultado não poderia ser melhor. Ambos cresceram e amadureceram como profissionais. Viram ainda o ganho dos filhos, que tiveram uma atenção especial em todo o processo. Hoje, a empresa está próxima de completar 18 anos, é muito atuante no mercado de eventos de Fortaleza e está em plena expansão para outros nichos de mercado até então não trabalhados. Rafael e Márcia seguem trabalhando juntos, dividindo a mesma sala, participando de reuniões e até mesmo viajando juntos a negócios.

Quando há uma escolha pela negociação relacional, o acordo se torna muito mais próspero porque vem ancorado na construção de relacionamentos firmes e fortes, que não se estabelecem apenas com foco em ganhos momentâneos. Para que esses relacionamentos sólidos aconteçam, é preciso paciência. Nem sempre os frutos estão maduros para serem colhidos rapidamente. É preciso regar, adubar a terra e esperar pelo momento certo. Nem sempre um determinado cliente está pronto para comprar de você. Talvez ele precise de mais tempo ou mais informação para tomar a decisão. Talvez ele não esteja em uma situação financeira confortável ou disposto a investir hoje, mas amanhã pode dar a volta por cima e ser um ótimo cliente. Isso só acontecerá se ele estiver no seu radar, se for cultivado, olhado com carinho... Anote este conselho: nunca receba um não sem entender a verdadeira razão e nunca delete um e-mail nem rasgue um cartão antes de ter certeza de que aquela parceria não vale a pena. Na negociação relacional, as vantagens e resultados obtidos não são gratuitas, mas decorrentes do bom relacionamento que será cultivado sempre.

A vez do cede-cede

Negociação significa troca: oferecer alguma coisa e pegar outra de volta. Para tanto, fala-se em negociação ganha-ganha, em que os dois lados ganham, mesmo que em proporções diferentes. O que a negociação relacional propõe é o cede-cede. Cada um cede um pouquinho e, ao longo do processo, o relacionamento é valorizado e os resultados são perenes e consistentes.

Vamos pensar em como isso pode funcionar na prática? Pense em uma discussão no trabalho. O seu chefe quer que o processo seja conduzido de uma determinada maneira e você pensa que o caminho para alcançar o resultado é diferente. Como a hierarquia pesa mais, a escolha do seu chefe é a que será adotada. Nesse momento, quem cedeu foi você porque, para não se prejudicar, acatou a decisão dele. Mas, no meio do processo, os resultados não aparecem como o esperado e você faz uma nova sugestão de condução. Para isso, adota a negociação relacional, juntando as ideias do seu chefe às próprias, criando novas opções para solucionar o impasse. Dessa forma, mostra que considerou a contribuição dele ao agregar a sua a ela. No momento seguinte, ele também adota a negociação relacional e cede, dizendo que se tivesse ouvido você no começo, as coisas poderiam estar melhores agora. No fim, os dois aprenderam: seu chefe aprendeu que você tem boas ideias para compartilhar e você aprendeu que é possível confrontar o seu chefe se assumir uma postura colaborativa.

Um dos ingredientes essenciais para esse tipo de troca é a confiança. Sem ela, é impossível manter a negociação relacional. Afinal, a credibilidade é o que une duas pessoas por um longo tempo e impede que o laço se desfaça rapidamente. É como em um casamento. Quando um cônjuge bota fé no outro, os dois sabem que podem contar com aquela parceria em qualquer momento – seja na alegria de comprar a primeira casa, seja na emoção de decidir ter um filho, seja nos momentos de crise em que decisões importantes e difíceis precisam ser tomadas pelos dois e em que a união é ainda mais importante. Quando não há confiança, conviver se torna quase impossível.

A negociação relacional demanda tempo, esforço, alinhamento de expectativas e a percepção de que ceder é um processo de ganho pessoal, e não o contrário.

Ela demanda tempo porque nem sempre o resultado almejado será imediato – e isso não significa que ele não virá. Além disso, uma parte do seu dia precisa ser dedicada a cultivar relacionamentos. Seja por e-mail, uma mensagem de WhatsApp, um convite, uma ligação.

Ela demanda esforço porque você precisa se dedicar àquela relação. Em alguns momentos, terá de dar o primeiro passo e empenhar-se em mostrar que está interessado em fazer aquele negócio dar certo.

Ela demanda alinhamento de expectativas porque só quando você diz para o outro o que espera e dá espaço para entender os anseios dele é que vocês chegarão mais perto de um acordo.

Ela demanda a percepção de que ceder é um processo de ganho pessoal porque, com isso, você mostra que é capaz de construir um bom relacionamento. Quando você mostra que não precisa ganhar sempre, favorece a construção de um ambiente amistoso que facilita a troca de informações, a identificação de interesses, as criações de valor, de opções e de alternativas. Tanto nas empresas quanto fora delas, isso vale ouro.

Importante dizer que, mesmo criando toda essa relação de cede-cede, estabelecer uma negociação relacional não significa ser menos assertivo. Na verdade, quem adota esse tipo de negociação desenvolve talento para o equilíbrio entre a suavidade nas palavras e o foco constante em seus interesses. Na negociação relacional, você evita a palavra "mas" e começa a usar mais a palavra "e". Um exemplo? Em vez de dizer: "Concordo com você, mas acho que podemos aumentar o preço", é melhor usar a seguinte frase: "Concordo com você e acho que podemos aumento o preço". Sentiu a diferença? Leia de novo e veja o que cada frase passa para você. A primeira estabelece um antagonismo. A segunda une as pessoas em prol de um único objetivo.

Reflita um pouco sobre as situações em que você precisou negociar e, agora, procure comparar o resultado de algumas delas. Quais foram as mais bem-sucedidas? Com quais pessoas você se sente à vontade para negociar de novo? Com quem você deixou portas abertas? E com quem fechou? É bem provável que, nesse balanço geral, você chegue à conclusão de que os melhores acordos – e os mais duradouros – vieram de negociações em que você investiu mais no relacionamento.

Foi a essa conclusão que cheguei depois de fazer, no início de 2016, a pesquisa Negociar para Vencer com alunos dos cursos de MBA e pós-graduação da Fundação Getulio Vargas, em Porto Alegre e Novo Hamburgo. Obtive respostas de 644 participantes, homens e mulheres, em sua maioria com idade entre 30 e 40 anos, que ocupam cargos de gerentes, coordenadores, supervisores e analistas em empresas. Nesse grupo, também há uma parcela de presidentes, vice-presidentes e diretores de empresas. Ao serem questionados sobre os resultados das negociações das quais participaram até a data da pesquisa, 81,8% disseram que, na maioria das situações, as melhores negociações que fizeram beneficiaram todas as partes envolvidas. 67,2% acreditam que, na maioria das vezes, chegaram a melhores acordos quando estabeleceram uma relação de confiança com quem negociaram e 31,5% garantem que isso aconteceu em 100% das situações. Isso não quer dizer perder o foco nos próprios interesses. Prova disso é que mais da metade dos pesquisados concordou com a seguinte afirmação: "Quando eu negocio, procuro pensar primeiro nos meus interesses. Saber se a outra parte será beneficiada está em segundo plano. Negócios são negócios". A negociação relacional cabe em um ambiente competitivo e ajuda você a defender os objetivos, necessidades e os interesses da sua empresa.

Mais do que isso, ela propõe como meio o relacionamento entre as pessoas envolvidas e o empenho para que haja um entendimento maior do que a outra parte espera. Lendo esse conceito, parece simples e óbvio. Relacionamentos verdadeiros são fundamentados assim, conhecendo-se de fato o outro. Mas a correria diária e a busca desenfreada por resultados a qualquer preço nem sempre dão espaço para o diálogo. Quando ele acontece, sorte. Quando não acontece, vai como vai. Quem nunca ouviu uma história de um namoro que se desgastou por falta de diálogo? O mesmo acontece nas empresas. Quem nunca viu uma empresa perder clientes por não perguntar a eles o que desejavam e por que não estavam comprando mais?

Contarei um episódio em que a negociação relacional foi colocada em prática em uma situação que parecia perdida e trouxe muitos frutos para as empresas envolvidas. Esta é a história de um executivo comercial de quem, por sigilo, receberá o codinome João. Ele trabalhava em uma empresa multinacional de consultoria de tecnologia e estava participando de uma concorrência para implementação de sistema em um grande varejista brasileiro. O seu principal interlocutor nessa negociação era o CIO (*chief information officer*), aqui com codinome José, que conduziu o processo de seleção.

João tinha um grande desafio. Havia quatro empresas concorrendo com ele para fechar o contrato. Depois da fase preliminar, o cliente as restringiu a uma *short-list* de dois finalistas. A empresa do João era uma das que passaram na primeira peneira. A partir dali, o trabalho foi ainda mais árduo. Todo o processo de pré-vendas, definição de escopo de projeto e negociação comercial se entendeu por cerca de seis meses, com alto grau de investimento e dedicação de ambas as empresas finalistas. Mas valia a pena. Afinal, o negócio total era da ordem de milhões de dólares.

Enfim, chegou o momento da apresentação final ao cliente. Foram dois dias em que João e o representante da outra empresa concorrente apresentaram sua estratégia e argumentos para vender seu peixe e mostrar por que se consideravam a melhor alternativa. A decisão final não foi dada naquele dia. O CIO José só comunicaria formalmente a decisão da companhia dez dias depois.

João estava contando os dias para saber o resultado e abriu ansioso a mensagem que chegou de José passados os dez dias de espera. A resposta? Decepcionante: a outra empresa havia ganho a concorrência. João ficou desapontado. Muitas perguntas surgiram em sua mente? Deu o seu melhor e, mesmo assim, sua proposta não atingiu as expectativas do cliente. Quais seriam os motivos?

Refeito do impacto inicial, João decidiu que não adiantaria nada ficar na posição de vítima. Preferiu ter uma conversa com o CIO. Ligou para José, disse que respeitava a decisão da companhia, embora não a considerasse a melhor e que gostaria de uma hora do tempo de qualidade do CIO para entender os motivos da derrota. José se mostrou disponível para recebê-lo e explicou alguns fatos que determinaram a escolha: a outra companhia era maior, tinha mais estrutura no Brasil, havia estabelecido alguns contratos com o varejista no passado e, mais, ela também tinha sido referendada pelo fabricante do sistema a ser implementado. Eram bons argumentos! O que fazer? Agradecer e sair de cabeça baixa? Não, não foi o que João fez.

João teceu alguns comentários sobre o que foi dito e ainda fez uma série de observações sobre a estratégia sugerida pelo concorrente, bem como externou preocupações. Disse também a José que embora torcesse pelo êxito do projeto, que o CIO provavelmente o procuraria, em algum tempo no futuro, para reavaliar a decisão.

Dito e feito. Mais de um ano se passou e João recebe um telefonema do CIO José, chamando-o para uma reunião. O objetivo era uma nova concorrência, com o mesmo fornecedor que implementara o sistema, mas agora para a manutenção e suporte deste. João agradeceu o convite e, aproveitando que havia estabelecido uma relação de confiança com José no passado, sentiu-se à vontade para fazer uma pergunta direta: "José, minha empresa será realmente considerada uma opção ou apenas uma balizadora de preços?". José garantiu que a disputa seria técnica e comercial, em igualdade de condições. João ficou mais animado.

Mais uma vez, João estava com uma grande chance nas mãos, com o mesmo cliente e o mesmo rival. Quem ganharia daquela vez? Foi dado início a um novo processo e, novamente após alguns meses de trabalho, João foi convidado a apresentar a proposta. Dessa vez, José trouxe uma boa notícia para João: a empresa dele era a favorita. Porém, para ganhar a concorrência ele precisaria ser mais agressivo comercialmente. Foi desafiado por José a baixar a proposta comercial em cerca de 30% – e precisava fazer aquilo rápido, naquele dia mesmo! Ou melhor, na mesma hora. Tinha apenas 30 minutos para rever os números. Como estava acompanhado apenas de um colega técnico e não tinha condições de buscar aprovações formais da companhia devido ao horário – o escritório central fica na Europa e tinha encerrado o expediente por causa ao fuso horário – João fez uma estratégia agressiva de remodelagem do escopo e termos do contrato. Ao retornar para a reunião, apresentou a José os novos termos de negociação e buscaram um acordo. Redigiram um memorando de entendimento (sujeito a aprovações posteriores) e foi celebrado um cumprimento informal de que o negócio estava fechado.

Envolto em um misto de satisfação e preocupação em razão de formalizar aprovações, João redigiu um relatório de todo o seu plano e, no meio da madrugada, conseguiu contato com seu gestor, que ficava na Europa. A notícia era excepcional, mas requeria uma ação muita rápida para que todo o processo formal fosse cumprido e permitisse a redação do contrato a ser assinado.

Passada a fase alucinante, João mais uma vez pediu uma hora de tempo de qualidade do CIO José. Dessa vez, queria entender os motivos da vitória. José foi muito transparente, dizendo-lhe que as condições técnicas dos fornecedores estavam equivalentes, mas que desta vez João tinha conseguido ser muito criativo do ponto de vista comercial. Além disso, confidenciou que aquela conversa que tiveram depois da primeira negociação fez toda a diferença. Isso porque todos os pontos de atenção sobre o serviço da concorrente que João havia identificado se confirmaram como fatos. Isso fez José dar um crédito de confiança a João.

O fim dessa longa negociação teve um final feliz para João porque ele investiu na relação. Foi atrás de mais informações, pediu para conversar com José a fim de entender como poderia melhorar seu projeto para ser escolhido em uma nova oportunidade e também cavou mais uma chance de mostrar seu conhecimento técnico e sua vontade de fazer negócio com a empresa.

A relação de confiança se deu em virtude da postura correta e com perspectiva de longo prazo, em que o que vale não é apenas uma partida, e sim um campeonato. Assim como em um torneio de pontos corridos, João olhou para a primeira derrota como apenas um jogo no início do campeonato e acreditou que poderia reverter a história. Seu trunfo foi investir na negociação relacional.

Quer saber de mais uma coisa? A história não acabou por aí. Outros negócios foram fechados entre a empresa de João e a de José e a parceria só se fortaleceu. Se João teve de negociar valores mais baixos no início, agora ele já estava usando o trabalho na empresa de José para atrair novos clientes. José permitiu que João usasse o trabalho feito na sua empresa como referência para captar outros clientes – ele fechou, inclusive, um grande negócio com outra empresa na Inglaterra. As consequências dessa negociação foram colhidas em vários momentos graças à postura de negócios pautada em ética, à relação de ganha-ganha e ao foco na perenidade do relacionamento. Esse é o poder da negociação relacional.

Anote esta frase: Negociadores amadores começam pela substância. **Negociadores profissionais começam pelo relacionamento.** O que quero dizer com isso? Que o melhor caminho para você negociar não é tendo foco naquilo que será negociado, mas sim em quem fechará o acordo com você. O relacionamento é a base da negociação relacional.

Você pode me perguntar: "Como faço para construir relacionamento?". Anote a fórmula para você não esquecer:

Relacionamento = Confiança × Respeito × Comunicação + Admiração

Essa é a fórmula do relacionamento profissional, criada pelo professor Glauco Cavalcanti, da Fundação Getulio Vargas. Para construir relacionamento, precisamos ter por base os seguintes critérios: confiança, respeito e comunicação. Eles precisam estar naquela equação. Nenhum deles pode faltar, ser igual a zero, ou a equação terá zero como resultado. Ou seja, não haverá um relacionamento de fato. Reflita comigo: sem confiança, é impossível ter respeito ou uma comunicação efetiva. Quando uma pessoa não confia na outra, não dá sequer abertura para o diálogo! E como seria ter confiança sem respeito? Impossível. A falta de respeito pelo outro acaba quebrando o elo que leva uma pessoa a apostar suas fichas na outra. Já a admiração é um adicional. Claro que ela agrega e ajuda a fortalecer o relacionamento, mas é possível ter uma boa relação comercial com uma pessoa mesmo sem a admirar.

Quando você adotar a negociação relacional na sua vida, sentirá, na prática, que situações que pareciam sem saída têm solução e que aquilo que parecia definitivo pode não ser tão definitivo assim. Você ficará munido de mais informações sobre a outra parte simplesmente porque perguntará mais e escutará mais o que ela tem a dizer. Darei a você todas as ferramentas para começar a construir essa nova realidade de negociação na sua vida, na sua carreira e nos seus negócios.

CONSTRUA UMA AUTOIMAGEM POSITIVA

Quando pensamos em negociação, é natural imaginar que todos os movimentos que precisamos fazer dizem respeito aos outros. Porém, o primeiro passo não tem uma segunda ou terceira pessoa. Está totalmente focado em você e em como irá para o *front* de negociação. Quem é a pessoa que você levará para negociar? Será que você está preparado para obter os melhores resultados? **Você é o ponto de partida do sucesso ou do fracasso dos seus acordos.** Portanto, a negociação relacional começa com você e o seu espelho. Convido você a fazer uma autoavaliação. Será que você está, hoje, em sua melhor versão para negociar o que quer? Algumas perguntas que você pode se fazer:

» Eu me permito construir o melhor acordo ou sempre começo a conversa preparado para fugir ou atacar?

» Eu entendo por que cedo e o que ganho com isso?

» Faço concessões conscientes ou dou sem receber nada em troca?

» Eu consigo dizer o que realmente penso ou quero ou acho que vou incomodar ou chocar as pessoas com a verdade?

» Eu me aproximo das pessoas e me interesso por elas ou acabo sempre tendo uma postura mais distante para não ficar vulnerável?

» Eu procuro me imaginar no lugar das pessoas com quem negocio para entender melhor os propósitos delas ou nunca tenho tempo/interesse para esse tipo de exercício?

» Eu me irrito facilmente com pessoas que não têm a mesma visão que eu ou procuro entender por que elas pensam daquela maneira e como eu posso chegar a um ponto em comum?

» Eu sou uma pessoa que os outros consideram de fácil acesso?

» Eu sou visto como uma pessoa agregadora que facilita as relações e ajuda os outros a chegar a um acordo?

Talvez você pense que não nasceu para negociar, mas reflita como você age nas negociações, tanto em casa quanto no trabalho, em relação a essas questões. Você pode não ter esse talento no DNA, no entanto, é possível aprender. Quando se trata da negociação relacional, o caminho passa inevitavelmente por sua capacidade de se aproximar das pessoas e estabelecer uma ligação mais significativa com elas, ainda que seja estritamente profissional. Por onde começar? Você não precisa estar o tempo todo preocupado com o que os outros pensarão, nem em agradar toda a torcida. Muito menos perder o foco nos seus objetivos. O segredo aqui é atingir o equilíbrio: saber o que quer e aonde deseja chegar e contar com as pessoas para isso.

Você precisa acreditar que pode ter os dois: conseguir um bom resultado para você, que atenda seus interesses e favoreça os outros também. Para isso, é preciso exercitar o jogo de cintura. Saber a hora de avançar e a de recuar. **Quem aplica a negociação relacional não se apega a verdades absolutas.** Está sempre disposto a rever uma decisão, se isso for importante para os envolvidos.

Comprometa-se com seus objetivos

Muitas pessoas passam a vida sem olhar de frente para os seus objetivos, vivem ser ter uma meta clara. Simplesmente vão vivendo a vida e nadando para onde a corrente levar. Não contam os seus objetivos, as suas metas, porque têm medo de que os outros vão agourar. Mas sabe o que isto significa? Medo de se comprometer. Contar para alguém a meta definida é se expor ou se comprometer publicamente, se não der certo, o que acontecerá, passará vergonha? Você já viu alguém agir assim? Essas pessoas, quando precisam negociar algo, acabam tendo dificuldade para chegar a um acordo favorável a si mesmas porque não têm claro o que seria o melhor acordo para elas. Para quem não sabe aonde quer chegar, qualquer resultado pode ser aceitável.

Por outro lado, quando você sabe exatamente o que deseja, tem mais facilidade de levar os argumentos para o caminho que fará você chegar ao seu melhor cenário. E essa não é uma via de mão única. Tendo claro o seu objetivo, você também fica mais à vontade para ceder e avaliar as concessões que pode fazer e que não tirarão de você o seu objetivo principal. Tendo o seu objetivo em mente, você torna toda a conversa mais clara porque pode compartilhar com o outro o que você espera daquele negócio, daquele relacionamento, daquela parceria.

Imagine um rapaz negociando com a sua noiva o destino da lua de mel. Ela quer ir para um lugar romântico e sugere Paris. Ele não tem vontade de ir para a capital francesa, mas também não parou para pensar em qual seria o destino ideal para a viagem de núpcias. Enquanto ele não souber o que deseja, terá muito mais dificuldades em fazer sua noiva mudar de ideia. Agora, se ele parar para pensar e chegar à conclusão de que será feliz se viajarem para algum lugar de praia, por exemplo, poderá explicitar esse objetivo e reunir argumentos para explicar por que prefere estar à beira-mar. Juntos, os noivos podem chegar a uma opção que una as duas coisas: romantismo e praia, construindo uma terceira opção, interessante para ambos os lados, e atendendo as diversas expectativas de uma viagem de lua de mel.

No momento de definir o seu objetivo, coloque no papel o acordo ideal. Em seguida, defina também quais os acordos possíveis que, apesar de não serem ideais em um primeiro momento, podem levar ao seu objetivo no futuro. Um vendedor que tem uma meta de vendas passa o mês perseguindo aquele número mágico, que pode resultar no bônus no final do ano ou naquela viagem perfeita nas férias ou, ainda, uma promoção merecida. Ele sabe quanto precisa vender para cada cliente para obter determinado resultado. Ele sabe também que existem algumas situações em que o cliente não investe o que foi planejado idealmente. Pode ser que o cliente esteja comprando pela primeira vez e queira testar o produto para depois fazer um pedido maior. Talvez esteja passando por dificuldades financeiras e não possa fechar um negócio com valores mais altos... O vendedor precisa estar preparado para tudo isso, mas sem perder o foco no seu objetivo. Ele sabe que cederá naquele momento para construir um relacionamento e, no futuro, atingir sua meta. Para que isso seja possível, procurará entender o momento daquele cliente e os motivos que o impediram de fazer a compra no valor que nosso vendedor esperava. Essas informações são preciosas para que ele construa sua argumentação em uma próxima oportunidade e para estabelecer uma relação com esse cliente e oferecer-lhe o que precisa. Dessa maneira, nosso vendedor gradativamente constrói a negociação relacional.

Vamos falar de uma situação muito comum em que boa parte das pessoas deixa de definir seus objetivos? No momento de negociar salário. No começo da carreira, as pessoas ficam tão movidas pela oportunidade de ter um emprego, que o salário acaba ficando em segundo plano. Mesmo quem já está no mercado há algum tempo pode se acostumar a não ter isso claro, como um objetivo. Muita gente passa a vida sem parar para pensar em quanto deseja ganhar ou quanto vale seu trabalho. Sim, pode ser um pouco intimidante falar sobre o assunto – talvez essa seja a conversa mais desafiadora e difícil de ter, mesmo com a experiência de vários anos de carreira –, mas é uma das mais importantes, e ela começa antes de nos sentarmos à mesa de negociação. É preciso que o profissional tenha um número ideal na cabeça. Ele tem de descobrir qual é o salário praticado naquele mercado, quanto se costuma pagar para alguém com o seu nível de experiência, a situação da empresa contratante e seu interesse de trabalhar naquele lugar. Enfim, deve medir as oportunidades envolvidas e expectativas salariais razoáveis. Não precisa, nem deve chutar um número qualquer. Ele tem que investigar e ter o valor claro e fundamentado para apresentar. Essa atitude fará diferença ao longo de toda a sua carreira. Estudos mostram que o hábito de negociar o salário desde o início da experiência profissional faz toda a diferença na carreira de um funcionário, tanto em termos salariais como de crescimento ao longo dos anos na carreira. Os dados, neste sentido, porém, são alarmantes, como já apontados neste livro:

» Uma pesquisa da revista de negócios *Business Insider*, realizada em maio de 2015, com 548 jovens profissionais, apontou que 82% deles não negociam o primeiro salário.

» Um levantamento do site americano Salary.com apontou que um profissional que não negocia seu salário **pode deixar de ganhar 1 milhão de dólares** ao longo de 45 anos de carreira.

» A dificuldade de negociar o salário afeta principalmente as mulheres. Segundo uma pesquisa do site de empregos Catho, enquanto 36,1% dos homens rejeitam a primeira proposta salarial, apenas 24,1% das mulheres têm a mesma atitude.

À parte a questão de gênero, como nem todo mundo negocia, muitos funcionários estão desmotivados e insatisfeitos com o resultado final de suas propostas, desperdiçando potencial.

Talvez você me pergunte: "Simone, e se eu negociar e não obtiver o valor que pedi?". Ok, isso pode acontecer, mas o mais importante é você saber qual seria o valor ideal. Suponhamos que você pediu um aumento de salário e conseguiu 10%. Chegou ao valor ideal? Se não, qual

Construa uma autoimagem positiva 71

seria ele? Você chegou a colocar a sua proposta? Isso é muito importante. Afinal, o seu chefe pode não ter dado o aumento que você pediu, mas ele terá claro quanto você quer ganhar. Sabe que se você trouxer resultados, uma maneira de reconhecer o seu valor é chegando ao salário que você deseja. Sabe também que corre o risco de perdê-lo para a concorrência caso você receba uma proposta no valor almejado. Tudo isso acontece simplesmente porque você tem um objetivo claro e sabe quanto é importante contar a respeito para as pessoas-chave.

Quando falo de definir objetivos, gosto de fazer uma analogia com a corrida. Quando terminei meu mestrado na França, voltei com 10 kg a mais, garantidos com muitos pães, queijos e vinhos. Para emagrecer, comecei a caminhar e, um dia, a convite da minha querida amiga Cinara Vila, comecei a correr com um grupo. Com o tempo, descobri que a corrida era uma paixão, melhor ainda do que emagrecer. E quando você descobre uma paixão, aquilo que faz os olhos brilharem, vai muito mais longe do que poderia imaginar. E, aí, todo sacrifício vale a pena.

Uma maratona, ou seja, 42 km e 195 metros, pode parecer muito distante quando você não consegue correr nem 5 minutos na esteira da academia, mas, conforme você segue treinando e evoluindo, 3 quilômetros, 5, 10, 21 km... os tão sonhados e difíceis de conquistar 42 km vão se tornando mais próximos e menos assustadores. Com essa evolução no esporte, eu, que iniciei correndo pouquinho, intercalando com caminhada, virei maratonista. Quando você estabelece uma meta, planeja e, neste caso, literalmente, corre atrás, é só uma questão de tempo e determinação para chegar no seu objetivo.

A minha história com a maratona me lembra de mais um conselho fundamental: Mais do que ter um objetivo bem definido, apaixone-se por ele. Durante uma corrida, vivo isso intensamente. Ao decidir fazer uma maratona, o apoio da família, de amigos, até de desconhecidos, foi fundamental e serviu de estímulo para eu não desistir. Quanto mais engajado você estiver para atingir seu objetivo, mais conquistará pessoas para estarem junto com você. Mais as pessoas desejarão ajudar você a chegar lá. Isso é negociação relacional em estado puro: quando você diz o que deseja com aquele brilho no olhar, quando você tem uma causa maior, um propósito legítimo, faz as pessoas se desarmarem da negociação da barganha e quererem estar ao seu lado para ajudar.

Um exemplo disso nos dias de hoje são os *crowdfunding* – traduzindo para o português, fundos de investimento coletivo – que são uma forma de as pessoas tirarem uma ideia do papel com arrecadação de fundos pela internet, sejam vindos de pessoas físicas ou empresas. E quer saber quais são os projetos que conseguem todo o dinheiro de que precisam ou até mais do que o estipulado? Aqueles pelos quais as pessoas que investiram se encantaram. E elas se encantam quando percebem que quem está por trás do projeto tem um objetivo definido e está totalmente envolvido nele. Segundo o site de *crowfunding* Kickante, um dos projetos mais bem-sucedidos foi a campanha Calendário dos Médicos sem Fronteiras 2014, que tinha como objetivo arrecadar 10 mil reais. Ele chegou a 420% de sua meta inicial em apenas dez dias. Os "Médicos sem Fronteiras" atendem vítimas de catástrofes naturais, desnutrição, conflitos armados e epidemias. Foram mais de mil compartilhamentos em redes sociais (Facebook e Twitter).

Para divulgar o projeto, o recomendado é fazer um vídeo explicando o que se pretende e dar várias opções de valores para as pessoas investirem. O mais interessante é que há um bom argumento de negociação ali: os beneficiados, na maioria das vezes, oferecem recompensas, que variam de acordo com o valor investido – pode ser de um brinde a uma experiência única. O negócio de ter um objetivo e contar para todo mundo dá certo. No Brasil, a comunidade de financiamentos coletivos Catarse já engajou mais de 280 mil pessoas que apoiaram pelo menos um projeto e 2.558 projetos já foram financiados.

Prepare-se para ceder

Ao pensar em negociação, é muito comum as pessoas automaticamente criarem uma cena em que o negociador bem-sucedido é uma pessoa forte e irredutível, com alto poder de barganha, que não cederá facilmente à proposta do outro. Esse é o estereótipo do jogo do ganha-perde da negociação. Aqui, quando falo de negociação relacional, penso no jogo do cede-cede, **porque a chave do sucesso nem sempre está no imediatismo** e, ao construir uma relação com o outro, você pode não ganhar tanto no momento, mas ganhará muitas vezes. Para começar a

Construa uma autoimagem positiva

jogar essa nova modalidade, você precisa ter uma postura muito bem definida também. Para algumas pessoas, as habilidades necessárias são naturais, para outras, precisam ser treinadas. São elas:

Fale e faça o que você acredita – Um dos valores mais importantes na negociação relacional é a sua capacidade de ser coerente com aquilo que acredita e diz. Essa postura é o que trará as pessoas para perto e fará com que elas confiem em você integralmente. Vejo muita gente que perde a oportunidade de estabelecer uma relação de confiança por não agir de acordo com o que prega.

Desenvolva a capacidade de adiar recompensas – Em outras palavras, contenha a sua ansiedade de querer resultados imediatos. Como professora de MBA, tenho visto muitos jovens desistirem de uma carreira promissora, alegando que o reconhecimento demorou demais. O que eles ignoram é que escolhas implicam sacrifícios e renúncias e é preciso abandonar pequenos prazeres quando se trata de alcançar o objetivo de deixar um legado, muitas vezes, você precisa abrir mão de algumas coisas para ter outras. Em alguns casos, terá de fazer concessões superiores ao que imaginava. O melhor é que tudo isso seja feito com a consciência e a certeza da construção de algo maior.

Adiar recompensas, inclusive, é um dos caminhos para a felicidade. No livro *A democracia na América*, Alexis de Tocqueville escreve que Thomas Jefferson, o principal autor da declaração de independência americana, em 1776, defendia que a felicidade envolvia conter desejos para realizar objetivos de longo prazo. Isso vai contra o que a boa parte das pessoas acredita hoje. Com a ânsia de obter as coisas imediatamente, felicidade, para muitos, virou sinônimo de satisfazer os desejos imediatamente – e isso nem sempre se mostra uma ponte para a realização. Negociar é conter agora o que você deseja para atingir um objetivo maior, de longo prazo. Pensando assim, felicidade e negociação podem, inclusive, se tornar sinônimos.

Pare de ter medo de ser um perdedor – Quando se fala em ceder, muitas pessoas associam a ideia a perder. E, nessa cultura competitiva, ninguém quer perder! O que é preciso fazer? Mudar essa crença de que quem abre mão de algo é um perdedor. Você pode deixar de lado alguns ganhos sabendo por que o faz e por uma escolha bem pensada – e isso não quer dizer que o jogo está perdido. Na verdade, está só começando. O maior ganho ainda está lá na frente.

Assuma uma postura colaborativa – Uma das razões do fracasso é achar que o sucesso é individual e egoísta. A maior tolice dos profissionais é torcer contra o colega, o chefe e o cliente. Hoje em dia, em um mundo globalizado, não existe mais sucesso individual. Quem é um dos empresários mais bem-sucedidos dos últimos tempos? Steve Jobs. E por que ele dizia que não trabalhava com idiotas? Porque ele sabia que nunca criaria um iPhone sozinho. É um erro pensar que o sucesso do outro não tem nada a ver com o seu. O meu sucesso, como escritora ou palestrante, depende de vocês terem sucesso, senão outras empresas não me contratam e não venderei meus próximos livros. Se eu pensar: "problema deles se aproveitarem ou não, eu estou me divertindo", estarei sendo burra. Não desista do seu colega, pois a sua meta depende da dele. Lembra-se dos seus professores? Lembra-se daquele que desistiu de você? Aquele era um fracassado. Quem não desistiu de você teve mais sucesso e essa é uma relação que os profissionais bem-sucedidos já perceberam. A meta da empresa é a sua meta porque se uma não acontece, a outra também não acontecerá. A meta de um departamento é sempre ajudar a realizar as metas do outro. A meta do vendedor, por exemplo, não é fazer X mil. É ajudar o cliente a realizar a própria meta – e isso traz os X mil. Economizar tempo, energia e dinheiro para não os perder não é estratégia para ganhar no longo prazo.

Comprometa-se com você

Muitas pessoas não conseguem atingir resultados positivos porque não conseguem ter uma atitude de amor próprio. Sabe aquela pessoa que não presta atenção nas palavras que usa e vive fazendo afirmações que a colocam para baixo? "Eu não nasci para ser rica.", "Os outros sempre se dão melhor do que eu.", "O coitado aqui que faz o trabalho pesado e não ganha nada...". A impressão que tenho é a de que ela responsabiliza os outros pela vida que leva. Como se o sucesso dos outros fosse a causa do fracasso dela.

Também há aqueles que são cheios de talento e teriam tudo para brilhar, mas morrem de vergonha. Têm medo de errar, de se expor, de desagradar. Algumas pessoas são perfeccionistas demais e têm uma tendência natural de se colocar para baixo.

Quem não se sente bem na própria pele não consegue ter uma autoimagem positiva e precisa rever as atitudes que anda tomando.

Quando você começa a se comprometer a cuidar de si, você desencadeia uma força interna que expande para as outras pessoas e elas passam a respeitar e admirar mais você. Não se trata de milagre. O fato é que, ao decidir tomar uma atitude para melhorar física, mental, social e emocionalmente, você passa a se sentir melhor consigo mesmo e isso é perceptível para os outros. Muitas pessoas não conseguem ter uma autoimagem positiva porque não fazem nada por si mesmas. Sofrem com baixa autoestima. Nem sempre tomar essa atitude é fácil, pois pode incluir mudar hábitos, amigos e abordagens. Como sabemos, isso é antinatural. Pergunte a um sedentário ou a um fumante e ele afirmará que é mais fácil mudar quando tem apoio.

Você pode pensar em alguém que está fora do peso e resolve entrar numa rotina de exercícios e dieta. Se ele for firme em seu objetivo, sentirá os resultados e perceberá que é capaz. Isso reflete automaticamente no quanto ele se sente bem na própria pele. Certamente passará uma confiança maior para todos ao redor. A atividade física não se trata de um benefício apenas para quem está fora do peso. Ela revitaliza, ajuda a controlar o estresse, traz disposição. Sair da condição de sedentário e praticar exercícios traz mais bem-estar e isso se reflete nos seus relacionamentos e até mesmo na sua mente.

Além de cuidar do corpo, cuide também da sua alma. Isso traz significado para sua vida e faz você estar sempre em contato com a sua essência. Você pode meditar, rezar, ficar em contato com a natureza, ouvir música... Há muitas maneiras de alimentar o espírito. Quem está em constante conexão consigo mesmo se conhece mais profundamente. Dessa forma, estará mais preparado para se relacionar com as pessoas e dar a elas sua melhor parte. Cuidar dos seus valores e do espírito é um ato de amor consigo mesmo. Isso acaba refletindo no relacionamento com os outros, pois você passa uma bondade e uma série de boas intenções que acabam atraindo as pessoas e fazendo com que elas confiem em você.

Seja acessível

Muitas vezes, pessoas em uma posição de liderança podem sustentar aquela imagem de inatingível. Nem sempre isso acontece por arrogância. É que ainda existe a crença de que chefe não pode ser amigo dos subordinados. Muitos líderes imaginam que perderão a autoridade caso fiquem mais próximos de quem faz parte de sua equipe. Lá no fundo, bate uma certa insegurança: "Se eu passar a frequentar o *happy hour* ou a casa do meu subordinado, ele continuará respeitando a hierarquia e acatará as minhas orientações?". Certamente sim, se você passar os sinais de que a amizade não pode afetar os interesses da empresa ou dos negócios.

Se você souber estabelecer os limites entre amizade e as diretrizes profissionais, terá uma equipe que se sentirá mais próxima e terá consideração por você. Essa relação com sua equipe pode ser uma porta de entrada para obtenção de melhores acordos, para conseguir engajar os funcionários em seus projetos e fazê-los entender melhor suas motivações para se empenhar nessa ou naquela missão. Descer do pedestal de chefe ajuda a estabelecer com sua equipe a negociação relacional.

CONFIANÇA É A ALMA DA NEGOCIAÇÃO

Um dos pilares de um relacionamento firme e forte é a confiança. Não dá para imaginar um casamento sólido em que a mulher desconfia do marido ou vice-versa. Ao educar os filhos, os pais batem na tecla de que não se deve mentir e procuram ter com os filhos uma relação de cumplicidade. Uma equipe que confia em seu líder fica mais engajada e motivada a trazer resultados. Um consumidor que confia em uma empresa se torna seu cliente fiel e, comprovadamente, gera mais lucro. A confiança estreita laços, provoca expectativas positivas em relação ao outro e faz com que se tenha mais segurança ao pisar em determinado terreno.

Se a confiança é importante para os relacionamentos, será essencial na negociação relacional. Mais do que isso, ela é um requisito. Sem confiança entre as partes que pretendem chegar a um acordo, não é possível sequer começar a negociar. Quando não há segurança para seguir em frente em um projeto, acreditar no resultado de um serviço oferecido ou comprar de um determinado fornecedor, também não há espaço para a negociação. Nada acontece!

Pense em um país que passa por uma crise econômica e política. O que ele precisa para se recuperar e voltar a crescer? Retomar a confiança. É ela que fará a atividade econômica se reaquecer, negócios voltarem a ser fechados, investimentos serem feitos. O investidor que deixa de acreditar que obterá retorno financeiro naquele país procurará outro mais confiável para colocar seu dinheiro. O consumidor que fica inseguro não assume financiamentos e decide que aquela compra pode esperar mais um pouco. Sem confiança, as coisas não saem do lugar. Estabelece-se um estado de alerta e há um clima de estagnação no ar. Vimos isso acontecer no Brasil e fora também. Em 2015, a falta de confiança dificultou as negociações entre o governo grego e os ministros das finanças da zona do euro, que se reuniram em Bruxelas para examinar um novo pedido de resgate financeiro da Grécia. Assim acontece com os países e também em negociações de qualquer natureza.

Quando existe confiança, as pessoas ficam mais propensas a apostar – e isso contribui para o resultado da negociação! Se uma proposta é feita por alguém considerado confiável, há muito mais chances de em um acordo bom surgir ali. A confiança é fundamental na negociação relacional, pois contagia a todos os envolvidos em um clima positivo, de cooperação, em que as pessoas acreditam mais nas outras.

A confiança é o fator que determinará o sucesso e a perenidade das suas relações e dos acordos que você fizer ao longo da carreira – e, diria, até mesmo da sua vida. Ela é um grande diferencial na sua imagem como profissional e como pessoa. Foi o que comprovou o administrador de contas Sérgio Damião Lopes quando pediu demissão do cargo de diretor na empresa onde trabalhava e assumiu a gerência em outro grupo concorrente, que não tinha uma participação expressiva naquele segmento. Sérgio imaginou que seria um grande desafio convencer sua rede de clientes a comprar o produto de outra empresa não tão conhecida. Então, descobriu o tamanho da vantagem competitiva e do poder de negociação que havia conquistado por ter colocado os relacionamentos como um dos pilares de seus negócios. Mal entrou na nova empresa, fechou um pedido em tempo recorde. "Eu me surpreendi com o apoio de uma série de clientes que, naquele momento, abriram suas portas com uma frase que nunca vou esquecer: 'Nós não conhecemos sua nova empresa, mas conhecemos você e confiamos o suficiente para acreditar que você nos trará sempre a melhor opção'", conta. Para o administrador, a confiança é um dos pilares desse relacionamento forte e pode ser mais determinante no fechamento de um negócio do que até mesmo o preço cobrado. Segundo ele, quando superestimamos as questões comerciais em detrimento do valor do relacionamento, acabamos cortando esse elo tão poderoso. "É melhor perder um negócio tendo a certeza de que o cliente queria comprar, mas não o fez porque não podia, do que perder o negócio porque o cliente, apesar de poder comprar, não gosta de você, não confia em você, não acredita em você e em sua proposta", afirma.

Lembrando da pesquisa Negociar para Vencer que fiz com os meus alunos da FGV e citei anteriormente neste livro, as experiências foram similares em relação ao valor da confiança nas negociações

Para a Disney, a confiança também tem um alto valor, o que se confirmou na constatação de que o segredo do sucesso da empresa está no relacionamento com seus clientes. Uma pesquisa que mostra razões para deixar de ser cliente comprova isso: 50% das pessoas disseram que deixariam de comprar produtos e serviços por problemas de relaciona-

Confiança é a alma da negociação 81

mento com a empresa. Esse fator ficou em primeiro lugar, à frente dos fatores distância (20%), qualidade (20%) e preço, que foi citado por apenas 10% dos clientes. Ou seja, se você estabelece uma relação de confiança pode até cobrar mais por isso! No caso da Disney, o resultado da pesquisa se comprova na prática claramente. No mundo todo, milhares de pessoas são apaixonadas pela marca e têm realmente uma relação de amor com ela.

Muito além da mesa de negociação

As pessoas confiam mais em quem elas têm oportunidade de conhecer integralmente e que, em diferentes contextos, demonstram um caráter acima de qualquer suspeita. Isso significa que você constrói confiança quando se mostra integralmente para o outro e abre espaço para a aproximação. Pense nas oportunidades de fazer isso fora da mesa de negociação. Aquele *happy hour* com a equipe ou com clientes, por exemplo, é parte da construção do relacionamento baseado na confiança. Um bate-papo informal também pode ser uma oportunidade para você encontrar pontos em comum com a outra parte e isso o fará ser visto como uma pessoa no seu todo, e não apenas como um oponente nos negócios. Há muitas situações que podem ser uma chance de injetar confiança no relacionamento: ser gentil, mostrar-se disponível em uma chamada telefônica, oferecer ajuda em um problema, buscar contribuir desinteressadamente para o sucesso do outro...

No momento em que você cria simpatia e encontra afinidades com a outra parte, descobre que há pontos em que ambos podem concordar e, então, a discussão passa a ter como objetivo principal a troca de ideias que possam levar todos ao melhor acordo possível. Caem as defesas, o clima fica mais leve e mais propício para que cada lado faça concessões, ainda que sempre focado no seu objetivo principal. A confiança torna a negociação mais amistosa – bem diferente daquela imagem em que nos vemos frente a frente com um rival e sentimo-nos obrigados a desconfiar de tudo, esconder o jogo e blefar para tirar o máximo de vantagens.

Foi baseado na confiança que o Embaixador Brahimi, da ONU (Organização das Nações Unidas), conseguiu um acordo de Paz no

Líbano, com o General Aoun. No início do encontro, ele falou de gastronomia, de futebol, da família e da educação dos filhos. Tudo isso para que ambas as partes baixassem o nível de tensão. Durante a conversa, foi possível criar um conjunto de valores e percepções comuns. Essa afinidade foi essencial para estabelecer um bom relacionamento e enfrentar os aspectos mais tensos da negociação.

Jack Welch adotava essa mesma postura quando, CEO da General Electric, teve de demitir muitos empregados antes de ir para uma reunião com os representantes do sindicato. Ele fazia questão de se encontrar um dia antes com os interlocutores com quem teria de conduzir a negociação trabalhista no dia seguinte. Marcava em um restaurante e ali criava um relacionamento informal, sem tocar no assunto delicado do dia seguinte. Ela queria estabelecer uma relação amistosa com respeito e espaço para diálogo. Dessa forma, acabava mostrando que podia ser uma pessoa confiável e isso facilitava as negociações no dia seguinte.

O ideal é que você torne atitudes que geram confiança uma constante em sua vida, e não apenas quando precisa das pessoas. É assim que agem as pessoas mais ricas e bem-sucedidas, sabia? Em seu livro *The daily success habits of wealthy individuals* ("Hábitos de rico: os hábitos diários de sucesso dos indivíduos afortunados", em tradução livre), Thomas Corley mostra o resultado de uma pesquisa sobre o comportamento de pessoas ricas e pobres. De um lado, 233 pessoas com fortuna líquida de 3,2 milhões de dólares. De outro, pessoas que recebiam menos de 35 mil dólares por ano, renda considerada baixa para o padrão de vida americano. Uma das descobertas de Corley é que nove entre dez ricos acreditam que **relacionamentos estão na base do sucesso financeiro**. Isso mostra que cultivar amizades e, consequentemente, relações de confiança, ajuda a fazer negócios.

Como se vê, para praticar a negociação relacional, é preciso adotar algumas posturas para a vida. Pode parecer muito complexo, mas acredite: fica mais fácil quando você perceber que esse conjunto de atitudes fará as pessoas desejarem fechar negócios com você naturalmente, sem que seja necessário fazer tanto esforço para convencê-las. Gerar confiança traz esse poder para as suas mãos. Listo aqui três atitudes para começar a praticar desde já:

Procure estar disponível – Quando você é acessível, mostra transparência e simplicidade. Isso faz as pessoas se sentirem próximas, fortalecendo o relacionamento. Além disso, você conhece mais as pessoas quando dá espaço para que se abram com você. Isso acaba trazendo informações importantes que podem orientar suas ações em um momento de negociação. Ou até mesmo entender melhor o propósito das pessoas durante a negociação de um acordo.

Aprofunde os relacionamentos – Não caia na cilada da falta de tempo. Muitas vezes, não ligamos para as pessoas ou não damos atenção por estar sempre correndo. Mas o fato é que os melhores acordos acontecem quando você aprofunda o relacionamento. Pode ser que você veja o mercado com mil e uma oportunidades de negócio, mas não consiga aproveitar nenhuma. Em vez de querer abraçar o mundo, escolha alguns clientes e procure estabelecer uma relação de fato. Entenda o que eles precisam, cultive a relação, esteja sempre presente mandando e-mails e telefonando. Quem é visto, é lembrado! Dessa forma, você criará acordos mais fortes e duradouros. Aposte no médio e longo prazo. A confiança fica cada vez mais forte com o tempo. Se não há continuidade do relacionamento, é apenas barganha, não negociação relacional.

Motive as pessoas a não desistir de você – Nem sempre conseguimos dar a atenção necessária para as pessoas. Nem sempre as negociações dão certo. Mas não é por isso que você desistirá de fazer um acordo. É importante, nos momentos em que as coisas dão errado, reconhecer que "não foi dessa vez", mas dar abertura para uma nova conversa e continuar mantendo o contato. Isso leva a outra parte a perceber em você um interesse genuíno nela e isso resulta em confiança.

Como gerar confiança durante uma negociação

Infelizmente, o negociador brasileiro peca em muitos momentos da negociação, o que acaba fazendo a outra parte envolvida perder a confiança nele. Em algumas situações, os erros não são por má-fé, mas acabam impactando negativamente sua imagem. **Um dos maiores exterminadores de confiança é a falta de preparo para negociar.** Aquela crença segundo a qual quem sabe, faz ao vivo pode prejudicar o planejamento da negociação, e ela acaba sendo feita no improviso. Quando negocia em equipe, não há preparo adequado, estabelecendo papéis, procedimento e códigos de comunicação. Na hora de argumentar e fazer propostas, passa a sensação de não saber direito aonde quer chegar e isso causa um incômodo, que podemos chamar também de desconfiança. Para resolver o problema do despreparo e todas as consequências negativas disso, é preciso ter um objetivo bem definido. Com isso em mente, fica mais fácil conduzir a outra parte ao acordo que interessa, pois a conversa terá sempre um único foco. Isso demonstra firmeza ao interlocutor que, então, confiará na outra parte.

Outro erro comum é se concentrar muito em si mesmo e ter dificuldade de ouvir a outra parte. Quando você não demonstra interesse pelo outro, passa a impressão de que está focado apenas nos próprios interesses. Ou seja, tende a ver apenas o próprio lado, esquecendo-se do outro negociador. Dessa forma, não procura descobrir expectativas e necessidades do outro e não faz ligação entre elas e sua proposta.

Resultado? Passa a impressão de que não fará questão de chegar a um acordo bom para todos. Um ponto a menos para confiança. Nesse caso, é preciso intensificar a escuta para encontrar a melhor alternativa para ambas as partes. Ao ouvir o outro, é possível mostrar que está preocupado com os interesses dele e fazê-lo confiar mais em você.

Para completar a série de tropeços que minam a confiança, há a ansiedade que faz o negociador "ir com muita sede ao pote" o que coloca tudo a perder. Quando isso acontece, ele pode cair nas armadilhas da barganha e acabar tendo atitudes pouquíssimo ortodoxas e confiáveis, como enfatizar as fraquezas do outro negociador, ficar na defensiva, blefar... Certamente são essas razões que fazem muitas pessoas se sentirem matando um leão por dia. É preciso construir uma postura adequada para conduzir uma negociação que seja a primeira de muitas. E isso começa pelo princípio de que a negociação é um jogo em que não há vencedores. **O mais importante é que, no final do processo, haja partes satisfeitas, e não vitoriosas. Afinal, se alguém venceu, então alguém perdeu.** Perder provoca frustração, desejo de revanche, enfim, sentimentos que não são bem-vindos quando se quer estabelecer um bom relacionamento a longo prazo.

Para ajudar você a direcionar sua postura durante uma negociação, guarde os três "C" da confiança. Com essas atitudes, você fugirá dos pecados mais comuns e conseguirá estabelecer uma relação promissora e forte:

Clareza – Resista à tentação de esconder o jogo. Forneça todas as informações necessárias, entregue dados e resultados. Permita as pessoas se sentirem seguras de que você não tem nada a esconder. Quanto mais claras suas intenções, maior a confiança que a outra parte depositará em você. Abra o coração, diga o que pensa e o que pode entregar de fato naquela negociação.

Pode até ser que você não diga "sim" para tudo o que a outra parte desejar e isso não será visto como negativo, mas como um dado de realidade. Você mostrará que não tem interesse em ludibriar, e sim em chegar a um acordo verdadeiro, claro e sustentável.

Com essa postura, dará espaço para que o outro faça o mesmo e você poderá criar uma sinergia e um ótimo clima para obter um excelente acordo.

Coerência – Diga o que pensa, e não aquilo que acha que agradará. É importante que você deixe claro os valores e aquilo em que acredita – e mantenha o mesmo discurso sempre. Ter coerência é ter convicção sobre suas ideias, sem ficar mudando a todo momento, ao gosto do freguês. Você fomenta a confiança quando as pessoas percebem que não mente nem inventa histórias mirabolantes. Descreva os fatos como aconteceram, sem pintar a paisagem com cores mais bonitas.

Credibilidade – Sabe aquela história de que o combinado não sai caro? É disso que se trata a credibilidade. Faça sempre o que disser. Cumpra o que prometer. Para isso, não gere expectativas maiores do que consegue cumprir, certo? Você passa credibilidade o tempo todo e nas mínimas coisas – até mesmo nos horários. Se marcou uma reunião às 10 horas, esteja lá às 10 horas. Toda atitude que mostrar o seu compromisso ajuda a elevar e construir sua imagem com alta credibilidade.

Se você tiver a confiança como um grande valor, certamente conseguirá os melhores acordos. Foi o que aconteceu quando Robert A. Iger, da Walt Disney Company, negociou a compra da Lucasfilm, detentora do supersucesso StarWars, com o seu fundador, George Lucas, único acionista da empresa. Iger sabia que precisava investir em um relacionamento baseado na confiança com Lucas. Para isso, tomou algumas atitudes que fizeram toda a diferença durante as negociações. A primeira delas? Fez questão de negociar pessoalmente a compra da Lucasfilm. Ele mostrou a Lucas que essa negociação era digna de sua atenção pessoal. Em segundo lugar, ele foi muito paciente, ou seja, investiu no longo prazo. Iger e Lucas passaram um ano e meio envolvidos com os trâmites da negociação. Lembre-se, é preciso tempo para provar que você é digno de confiança. Por fim, Iger pediu a Lucas para incluir os tratamentos para novos filmes de StarWars no negócio. Dessa maneira, mostrou que não queria desconstruir o que ele havia feito ao longo de tantos anos. Pedindo essa consultoria, a Disney mostrou que não queria substituí-lo e que planejava construir o negócio ainda maior, mas sempre baseado em sua visão.

A ética faz parte dos negócios

Ao negociar, devemos ter sempre em mente o objetivo do acordo e, principalmente, lembrar que podemos voltar a negociar com a mesma parte futuramente. É aquilo que já falamos: melhor perder um bom negócio do que fazer um mau negócio! Mas nem sempre as pessoas pensam assim. A ânsia de tirar vantagem e ganhar a negociação é tão grande que as pessoas se esquecem de que uma atitude hoje pode até trazer um resultado positivo no curto prazo, mas abalar sua imagem por muito tempo e atrapalhar muitos negócios futuros. Quer um exemplo? Um empresário de futebol que quer cortar caminho e assedia um atleta para que ele mude de time. Oferecendo altos salários, faz a cabeça do jogador sem ao menos saber se o time atual quer negociar o passe dele. Ao entrar numa negociação com um jogador sem consultar os dirigentes do clube, o empresário está sendo antiético e comprometendo sua integridade.

Sem ética, não há confiança. Mas como avaliar o que é honesto e justo em uma negociação? O importante é ter em mente o conjunto de valores comuns a ambas as partes e agir de acordo com eles. Qualquer manobra contrária a esses valores pode acabar minando a sua credibilidade. Parece óbvio, mas isso pode ser mais fácil de burlar do que parece, especialmente porque a maioria das pessoas tem no piloto automático o modelo de negociação competitiva, no qual vale tudo para conseguir o melhor resultado para si. Além disso, sabemos que nem sempre os dois lados envolvidos na negociação estão em pé de igualdade. É comum que um deles esteja em uma situação mais vantajosa, com mais acesso a informações ou com mais poder, por exemplo, e fique tentado a tirar proveito disso, agindo de uma maneira coercitiva e, até mesmo, manipuladora. Mais uma vez, é preciso ponderar e fazer escolhas certas, que não abalem a sua credibilidade e acabem quebrando o vínculo de confiança que poderia trazer resultados perenes. Em outras palavras, no momento de fazer uma venda, não pense apenas em fechar o contrato hoje. Pense se está construindo um caminho para que ele seja renovado lá na frente. Na hora de propor um acordo, pense se realmente está sendo bom para ambas as partes ou se a outra parte acabará se sentindo enganada ou lesada.

Manter uma postura ética é também uma preocupação de muitas empresas que sabem como isso pode impactar em sua imagem e, consequentemente, em seus negócios. As empresas que se responsabilizam pelos impactos de suas decisões e atividades na sociedade e no meio ambiente, conforme a Norma ABNT NBR ISO 26000, de 2010, mostram que estão atuando de forma ética e transparente, preocupadas com o desenvolvimento sustentável, que é uma das questões de maior relevância no mundo atual. Certamente, os consumidores, de modo geral, estão de olho nas empresas e tendem a confiar mais naquelas que têm esse compromisso com o planeta.

Um clássico exemplo em que a ética e a transparência foram primordiais é o caso que a Johnson & Johnson enfrentou em 1982, quando o seu medicamento indicado para combater febre e diversos tipos de dor sofreu uma sabotagem. A empresa viveu uma crise seríssima quando sete pessoas, que moravam perto de Chicago, morreram envenenadas por cianeto, após consumir o remédio. O episódio ganhou as principais manchetes dos jornais e dos noticiários de rádio e televisão e as vendas despencaram, bem como a credibilidade da empresa. O que fazer num momento como esse?

Imediatamente, a Johnson & Johnson lançou um maciço *recall* do produto e ofereceu 100 mil dólares de recompensa por alguma informação que levasse à prisão dos responsáveis. Os investigadores descobriram que as cápsulas envenenadas não haviam sido alteradas nas fábricas onde eram produzidas, o que sugeria que alguém havia retirado as caixas com o remédio, trocado as unidades regulares do medicamento por aquelas envenenadas e devolvido as caixas ao estoque da empresa, para que fossem distribuídas nas farmácias e supermercados habituais.

Para combater a grave crise de confiança, a Johnson & Johnson foi rápida na tomada de decisões. Fez uma intensa campanha de relações públicas alertando o público a não consumir aquele medicamento – essa foi a atitude mais contundente para demonstrar os princípios de ética da empresa. Também fez um *recall* nacional de 264 mil caixas do remédio e ofereceu substituição grátis do produto em forma de cartela e mais um seguro. Muitos analistas acreditaram que seria impossível recuperar a imagem do produto depois desse escândalo, mas, em alguns meses, o medicamento voltou às farmácias com um novo envoltório de segurança. Toda a ação de retomada de confiança que incluiu o *recall* e o relançamento custou mais de 100 milhões de dólares. Mas valeu a pena. Em um ano, a empresa recuperou o *market share* do medicamento e a imagem.

Considerar os valores que envolvem a empresa e fazer negócios com ética tem tanto impacto na relação da empresa com os clientes quanto internamente. Tomar atitudes que mostrem o comprometimento da marca com o consumidor e com a sociedade como um todo faz com que ela se fortaleça com base na confiança. Funcionários sentem orgulho de trabalhar em uma empresa com esses valores e tornam-se mais engajados. Consumidores empenham um voto de confiança e espalham a opinião positiva que têm da empresa. Assim, todos ganham!

APOSTE NO PODER DA EMPATIA

Aposte no poder da empatia

No mundo de hoje está cada vez mais difícil encontrar pessoas que tenham a capacidade de se colocar no lugar do outro, especialmente porque o individualismo e a ansiedade para ter sucesso pessoal e profissional não dão muito espaço para isso. Tanto é que cada vez mais vemos casos de intolerância com o que é diferente e entre pessoas que pensam de maneira diversa.

Ser empático tem se tornado tão importante nos dias de hoje que estão abrindo até um museu em Londres para homenagear essa habilidade. A ideia dos organizadores é que as pessoas comecem a enxergar o mundo pelos olhos do outro – atitude que é o primeiro passo para conseguir ser uma pessoa mais empática.

Para estimular isso, o museu oferece alguns exercícios. Em um deles, o visitante usa um sapato de um tamanho diferente do que está acostumado a usar e anda com o calçado por um trajeto de um pouco mais de um quilômetro. O sapato é uma brincadeira com a expressão inglesa *in your shoes*, que quer dizer "se colocar no lugar do outro". Durante o caminho, o visitante do museu escuta, com fones de ouvido, a história daquela pessoa que "cedeu" os sapatos – e são dezenas de histórias de gente totalmente diferente, como cientistas, criminosos, *drag queens*... O grande objetivo é encorajar as pessoas a parar de enxergar apenas o próprio universo e ver o mundo com um olhar diferente.

Um dos idealizadores desse projeto é o filósofo australiano Roman Krznaric, autor do livro *Empathy – a handbook for revolution* (em tradução livre para o português, *Empatia – um livro para a revolução*). Para o autor, a crença de que as pessoas são essencialmente egoístas está errada. Segundo a neurociência, na verdade, **somos criaturas empáticas, com tendência a cooperar socialmente e ajudar um ao outro**. Portanto, entrar na pele dos outros, procurando entender o que sentem e como enxergam o mundo, minimiza o individualismo e propicia a colaboração e os acordos que sejam bons para todos.

O que isso tem a ver com negociação relacional? Tudo! Uma das habilidades mais importantes desse tipo de negociação é exatamente se colocar no lugar do outro para entender quais são os medos, as dúvidas e as necessidades dele. A empatia é uma abertura na própria personalidade para entender melhor os outros – saber mais dos anseios e propósitos deles – e fazê-los sentirem-se à vontade para se abrirem com você. Quem é empático consegue entender esses pontos com mais facilidade e saber qual é o tipo de acordo que será o melhor para as partes. Com esse canal aberto, fica muito mais fácil estabelecer uma relação de maior proximidade e romper barreiras que atrapalham a negociação. É o que percebem também as pessoas que responderam a minha pesquisa Negociar para Vencer. Para 46,8% delas, a afirmação "Nem sempre a gente consegue tudo o que quer, mas quando a gente entende o outro, fica mais fácil de conseguir" faz sentido em todos os contextos e, para 50,9% dos respondentes, a frase se aplica na maioria das situações.

Nos negócios, a atitude faz muita diferença. Em um artigo para a revista *Você S/A*, o educador e palestrante Eugênio Mussak disse algo que explica a importância da empatia nos negócios: "Nas relações profissionais, a empatia está longe de ser um sentimento do mesmo grupo da compaixão e da solidariedade. Está mais para a turma da sociabilidade e do compromisso com o resultado. **Praticar empatia ajuda o médico a tratar melhor seu paciente, o vendedor a atender o cliente com mais propriedade, o líder a comandar sua equipe com mais eficiência.** Definitivamente, a empatia colabora mais com o sujeito do que com o objeto. É, portanto, um atributo da inteligência emocional que tem imenso impacto na liderança, nos negócios e nas carreiras". Há, até, uma pesquisa que mostra que a empatia se reflete em felicidade. A ISMA-BR (International Stress Management Association no Brasil) entrevistou, em 2015, mil profissionais de São Paulo e Porto Alegre e descobriu que as mulheres empáticas sentem 74% mais satisfação no trabalho e, os homens, 71%. Por quê? Bem, os pesquisadores dizem que isso acontece porque quando nos importamos com os outros, sentimo-nos mais gratos e, consequentemente, mais felizes. Tanto é que a atitude também aumenta a motivação: 81% das mulheres com empatia se sentem motivadas, entre os homens, o índice é de 76%.

Você não se considera uma pessoa empática? É possível desenvolver essa habilidade – ou aumentar o alcance dela. Uma pesquisa diz que 98% das pessoas que são empáticas não usam essa característica em sua completude. Para se tornar uma pessoa mais empática, o primeiro passo é estar disposto a ouvir mais os outros – e aqui estamos falando de uma escuta ativa, realmente interessada. Não vale ficar olhando para a tela

Aposte no poder da empatia

do computador ou do celular quando alguém vier conversar com você. Ser um bom ouvinte o ajuda a desenvolver várias habilidades necessárias para a empatia, como a ampliação da visão de mundo, a boa vontade para entender o outro e a paciência para diagnosticar o que, de fato, move a outra pessoa.

É necessário, também, tentar se despir de julgamentos. Claro que isso é difícil, pois temos uma série de preconceitos inconscientes. Eles funcionam na nossa mente como uma espécie de defesa para o que é diferente, um funcionamento cerebral que foi fundamental na evolução da espécie humana. Porém, a partir do momento em que você se conhece e entende quais são os gatilhos que acionam os seus preconceitos, fica mais fácil se policiar. As pessoas empáticas têm esse autoconhecimento mais desenvolvido e sabem que é preciso se despir de pensamentos e atitudes pré-concebidas para se conectar com o outro. Por isso, mude sua postura e deixe o outro explicar os motivos dele para agir de determinada forma – **quando você entende a razão da outra parte, a negociação flui melhor.**

Os empáticos também são destemidos e humildes. Quer dizer, colocam-se em situações que os desafiem – como fazer uma viagem para um lugar muito diferente, conversar com estranhos ou aceitar grandes desafios. Isso ajuda a ampliar o seu ponto de vista, fazendo com que você se abra para o novo sem medo. Ter essa coragem ajuda a entender novas opiniões e a ver o mundo pelos olhos dos outros.

Quem pergunta negocia melhor

Para se colocar no lugar do outro de maneira mais certeira, sabendo exatamente o que ele pensa e deseja, você precisa ter o hábito de perguntar. Mais um dado da pesquisa Negociar para Vencer mostra que isso faz sentido para grande parte dos entrevistados. Segundo 62,5% deles, fazer perguntas, ouvir e entender o que a outra pessoa deseja, seja na vida profissional, seja na vida pessoal, sempre ajuda a conseguir entrar em um acordo com ela. Para 34,9%, ter atitude interessada traz um bom acordo na maioria das vezes.

O que acontece quando não perguntamos? Corremos o grave risco de supor o que as pessoas estão pensando e conduzir nossas atitudes baseadas nas conclusões que tiramos sozinhos, e não na verdade delas.

Muitas pessoas têm o hábito de falar apenas de si, dos próprios desejos e necessidades. Já esteve em uma conversa em que suas tentativas de expressar sua opinião foram simplesmente ignoradas? Certamente você estava dialogando com alguém que não olha para nada além do próprio umbigo – e conhece apenas o monólogo. Quem age assim dificilmente consegue ser empático, pois não tem informação suficiente para entender o outro e encontrar pontos de sinergia com as pessoas.

Quando deixamos de perguntar, também não conseguimos entender melhor o problema que o outro quer resolver ou aonde pretende chegar. Como se não bastasse, perdemos também a chance de chegar a um melhor acordo no que diz respeito aos nossos próprios interesses. Quer um exemplo? Imagine que você tenha como crença que todo cliente quer desconto. É muito comum ver equipes de venda que têm isso como verdade absoluta. Então, na hora de apresentar o produto, o vendedor vai preparando o discurso para dar desconto, achando que esse é o grande trunfo que o fará fechar o negócio. Nem cogita a hipótese de que, para alguns clientes, o problema pode não ser o preço e sim o fluxo de caixa. Se o vendedor consegue obter essa informação, investigando, perguntando o que é melhor para o cliente, não precisará nem dar desconto – bastará simplesmente melhorar o prazo de pagamento. Percebeu a diferença? E veja bem: não há apenas essas duas alternativas. Há diversas! Pode ser também que a outra parte esteja muito mais focada na qualidade do produto ou serviço oferecido ou, até mesmo, no cumprimento do prazo de entrega do que no preço. Talvez esteja até disposta a pagar mais, caso tenha certeza de que o produto ou serviço será excepcional. Nesse caso, o acordo precisa privilegiar a qualidade ou a urgência do cliente. O preço fica em segundo plano. Daí a importância de saber realmente o que a outra parte quer e prioriza.

Você precisa ser capaz de determinar o que o outro valoriza. Quando adquirimos o hábito de perguntar, podemos perceber claramente que nem tudo é questão de dinheiro. Há diversos fatores envolvidos num processo de negociação e **o negociador mais hábil e sábio considera o que, para o outro lado, é importante**.

Vamos imaginar o que passa na cabeça de um candidato a um emprego. Sim, ele pode estar em busca de um salário atraente, mas pode ser também que pese mais para ele a possibilidade de trabalhar em um clima amigável diferente do clima organizacional que enfrentou na última empresa onde trabalhou. Quem sabe esteja amando o fato de trabalhar na empresa dos seus sonhos ou de responder para um líder inspirador. Pode ser que ele se apaixone pelo engajamento social da organização e tenha como maior valor poder ajudar as pessoas necessitadas. Talvez ele esteja empolgado com a chance de se sentir útil de novo e sair de casa todos os dias com um propósito. Pense em uma pessoa que está há mais de um ano desempregada. Ou até mesmo em alguém que se aposentou e ainda se sente com plenas condições de trabalho para ficar em casa jogando paciência no computador. O filme *Um senhor estagiário* mostra bem isso. Nele, o personagem vivido por Robert de Niro é um senhor de 70 anos, viúvo e entediado com a vida que encontrou depois de encerrar a carreira como vice-presidente de uma empresa de listas telefônicas. Ele se candidata a uma vaga de estagiário sênior em uma empresa de comércio virtual motivado a ter um dia a dia vibrante novamente. Quer voltar a ter motivos para colocar seu terno e sua gravata de manhã, ainda que o ambiente da empresa seja mais informal e não exija tal vestimenta. Ele está preocupado com o salário? Não. O valor para ele ali é o da oportunidade de se sentir útil.

Abra a mente para as mais variadas verdades e descubra como encontrar os melhores acordos! Quais outras situações podem fugir da regra? Posso dar alguns exemplos pessoais. Já aceitei ganhar menos para poder trocar de área. Meu marido, Edison, vendeu o sítio dele por menos só porque o comprador gostava de cachorros e garantiu que ficaria com eles. Eram cachorros já velhinhos, que não se acostumariam em outro lugar. Ficar num hotel confortável é ótimo, mas prefiro um mais simples, que seja *pet friendly*, para poder levar a minha cachorrinha, a Chérie.

Você já parou para pensar em quantas situações o seu interesse era bem diferente do que as outras pessoas imaginavam? Isso me faz pensar naquela frase de que todo imóvel tem um comprador. Pode ser que uma pessoa não compre um determinado apartamento porque ele não oferece uma área de lazer para os filhos brincarem; outra não se interessa porque o andar é baixo... Mas sempre haverá aquela com medo de altura que preferirá o primeiro andar e que não se importa com a falta da piscina porque os filhos já cresceram.

Na maioria das vezes, as pessoas valorizam coisas diferentes das que imaginamos. Se você considerar isso, conseguirá negócios e ampliará seus relacionamentos. Quando fechar um acordo, você poderá turbiná-lo com maiores chances de ter resultados muito mais satisfatórios para todos os envolvidos. Não olhar para o que é valorizado pelo outro é uma forma de manter o bolo fixo, o que chamamos de "falácia do bolo fixo". O que devemos fazer é entender as motivações e interesses alheios para poder fazer o bolo crescer, permitindo que cada um tenha acesso àquilo que mais lhe interessa.

Já parou para pensar em quantas perguntas você deixou de fazer? Quantas oportunidades de fechar um acordo pode ter perdido por causa disso?

Muitas pessoas não se acham no direito de perguntar. E posso afirmar que não perguntar é o mesmo que não negociar. Porque só a partir do momento que você questiona algo ou faz uma contraproposta é que começa o caminho para um acordo. E fica aqui um alerta para as mulheres! Nós temos mais dificuldade de perguntar, especialmente quando estamos defendendo um interesse nosso. Foi o que descobriu a economista americana Linda Babcock em uma pesquisa para identificar a propensão que as pessoas tinham para iniciar uma negociação. No estudo, ela mostra que as mulheres têm tendência de iniciar negociações de duas a nove vezes menor do que os homens. Tanto é que só 7% das mulheres tentaram negociar em cima da primeira oferta que receberam. Dos homens, 57% negociaram. Veja só: 93% das mulheres simplesmente aceitaram a primeira proposta que lhes fizeram! E não é só: quando elas partiam para a negociação, costumavam pedir menos do que eles. E quem não pede, não ganha.

Entender o interesse alheio amplia sua perspectiva e aumenta suas alternativas de soluções e de chegar a melhores acordos. Tenha isso em mente e nunca deixe de negociar. **Entenda as motivações das pessoas para saber até onde elas podem ir e o que você pode oferecer em troca que seja valoroso para o outro.**

A curiosidade traz novas soluções

Durante uma conversa com Oprah Winfrey, no programa *The life you want weekend*, a autora do *best-seller Comer, rezar, amar*, Elizabeth

Gilbert, disse que o conselho que daria para alguém que está em busca de realização não é seguir a sua paixão, mas sim sua curiosidade. Isso porque **às vezes você gosta de muitas coisas, mas não sabe qual sua verdadeira paixão**. Já se sentiu assim? Elizabeth também. Por isso, quando seu casamento chegou ao fim e ela se viu sozinha e emocionalmente abalada, sua saída foi ir atrás de sua curiosidade. Foi esse interesse por descobrir novos lugares, pessoas e perspectivas de vida que a fez pegar o avião para Roma e começar a viagem que deu origem ao *best-seller*. A curiosidade foi a tábua de salvação naquele momento de crise, pois ampliou seus horizontes e lhe trouxe uma nova vida com sucesso e um novo amor.

Você já tinha pensando alguma vez em como a curiosidade pode ser tão poderosa? O presidente da Fruki, senhor Nelson Eggers, fala que um dos principais pontos para se chegar ao sucesso é a curiosidade preservada pelo profissional, porque isso o permite ter uma visão sistêmica, entendendo melhor os processos e impactos gerados pelas suas ações. Quando você se interessa pelas pessoas, pelas histórias, pelas experiências, acaba descobrindo novas possibilidades de ganho, de oferecer ao outro lado aspectos que não estavam em jogo. Essa atitude é extremamente importante na negociação relacional. Portanto, escute, observe, seja curioso, faça perguntas, resolva problemas, faça conexões.

A curiosidade também faz de você um líder melhor e mais próximo de sua equipe. Sei que muitas pessoas em cargos de chefia vivem com a agenda lotada e são muito pressionadas para trazer resultados para a empresa. Isso pode ser motivo suficiente para não se interessarem por seus subordinados. Não deveria. Afinal, um líder depende do envolvimento de sua equipe para atingir os números que deseja. Pode ter certeza de que as pessoas se empenham mais em atingir as metas expostas pelo chefe quando há um elo maior entre eles. Vale a pena apostar na sua curiosidade para descobrir quais são os valores de quem trabalha com você, o momento que cada um está vivendo, o que espera do futuro. Dessa maneira, você descobrirá a melhor forma de engajar e motivar os integrantes da sua equipe a atingir o seu objetivo. Ou seja, estará apto a negociar contando com o empenho deles para atingir a meta.

Há diversas maneiras de criar momentos propícios para iniciar uma conversa de maneira despretensiosa com eles: chamar para um café ou almoço, mostrar-se disponível e interessado, ser menos autoritário e dar espaço para que falem. Foi assim, propiciando uma relação próxima, que César Saut, vice-presidente da Icatu Seguros, conseguiu entender a mudança de comportamento repentina de seu funcionário e agir a tempo. A história, que já foi mostrada anteriormente neste livro, merece ser recontada: "Eu o chamei para conversar e fiz três perguntas: você ou alguém na sua família está enfrentando algum problema de saúde? Está com algum problema sentimental? Com as respostas negativas, continuei: você está devendo para alguém? Nisso, ele começou a chorar e desabafou. Era esse o seu grande problema. Pedi a ele, então, que colocasse suas contas em uma folha de papel, que resolveríamos juntos a questão". Esse interesse pelo funcionário o ajudou e evitou um problema maior para a empresa, que perderia com sua baixa produtividade, especialmente se aquele problema financeiro se arrastasse por mais tempo.

A postura de interesse pelos colaboradores que César faz questão de sustentar na Icatu traz resultados bem interessantes. Por 15 anos, eles não perderam nenhum funcionário. Com isso, a empresa cresce e os funcionários crescem junto, dando o exemplo para aqueles que estão chegando. Segundo César, a melhor maneira de reter um talento é ele poder olhar para o lado e ver que alguém que iniciou a carreira na empresa em situação parecida, hoje, está viajando para o exterior a convite da empresa, mora bem, tem um bom carro. César cita o próprio exemplo: entrou na companhia como executivo e, depois de 18 anos, tornou-se sócio da empresa.

Outro trunfo da curiosidade é minimizar as diferenças, sejam elas culturais, comportamentais ou sociais. Mais do que em qualquer outra época, é necessário ter uma leitura comportamental, ou seja, compreender as práticas e costumes de outros povos, já que o mundo, cada vez mais, não possui barreiras geográficas. A curiosidade a respeito da diversidade cultural e de como essa diversidade pode afetar a forma como as pessoas negociam se torna item obrigatório da agenda de todos os negociadores. Profissionais de empresas globais têm de estar alinhados e dispostos a reconhecer suas próprias características comportamentais e as da outra parte. É necessário, a partir disso, refletir sobre como minimizar as diferenças que possam ser fonte de atritos e vir a colocar em risco o curso e o resultado de uma negociação.

Aposte no poder da empatia

O estudo *Aspectos culturais e sociais da negociação com chineses*, que conduzi para o trabalho de conclusão de curso no MBA Executivo Internacional da FGV, ao lado de Lasnine Monte Wolski Scholze, em Hong Kong, em 2012, mostra como a curiosidade é determinante para a negociação entre países, especialmente quando os hábitos e comportamentos são tão diferentes, como no caso entre China e Brasil. Um dos maiores problemas para os ocidentais é a compreensão da cultura chinesa e a criação de possíveis formas de negociação ganha-ganha e relacionamento de longo prazo. O sucesso da negociação dependerá do entendimento mútuo das muitas diferenças culturais.

Quer exemplos? Para os ocidentais, negociações têm início, meio e fim. No entanto, do ponto de vista chinês, há um processo baseado no relacionamento e em princípios norteadores do comportamento. Por muitos anos, a prática da negociação esteve voltada às regras e visões próprias do mundo em detrimento das normas jurídicas e dos contratos assinados. O valor da palavra era superior a um pedaço de papel.

Diversas táticas fazem parte deste contexto, desde elogios e busca de informações pessoais, passando pela utilização do tempo para ganhar vantagem e chegando até mesmo à tentativa de embebedar o outro negociador, que deve estar preparado para efetivamente beber todas e, no dia seguinte, acordar com ressaca e um contrato assinado.

Outro aspecto interessante é a participação de pessoas decisivas que não estão na mesa de negociação, como membros da família, advogados e membros de agências governamentais, cujos interesses podem conduzir ao fechamento ou não do negócio.

Se um negociador brasileiro não tem curiosidade em entender os aspectos culturais que envolvem a negociação com os chineses, terá muito mais dificuldade em estabelecer uma conexão e chegar a um acordo favorável. Seja você um negociador com pessoas de outra cultura ou não, é melhor sempre procurar entender as questões culturais envolvidas a fim de chegar a melhores acordos e garantir resultados positivos.

Calibre a sua comunicação

A empatia depende de você se colocar no lugar do outro e descobrir como ele pensa. E depende também de como você se comunica com as pessoas e diz o que pensa e o que quer. A forma como você se expressa pode atrair ou afastar, trazer acordos ou discórdia. Não é novidade para ninguém que a maior parte das dificuldades de relacionamento entre as pessoas – pais e filhos, chefe e funcionários, vendedor e cliente etc. – é causada por uma comunicação falha.

De acordo com o professor Albert Mehrabian da UCLA, há três elementos em qualquer comunicação direta: palavras, tom de voz e linguagem corporal. Segundo Robert Cialdini, Ph.D em psicologia pela Universidade da Carolina do Norte e autor dos *best-sellers Influence: science & practice* (*Influência: ciência e prática*) e *Influence: the psichology of persuasion* (*Influência: a psicologia da persuasão*), as pessoas preferem dizer "sim" para aquelas das quais gostam mais. Gostamos de quem nos elogia com sinceridade e colabora conosco. Então, quando você quer usar as palavras para se conectar com o outro, **procure dar informações que façam a pessoa perceber que tem pontos em comum com você**. Agora, mais do que escolher as palavras certas, você precisa calibrar o modo de falar. Olha só que dado interessante: as palavras representam apenas 7% de toda a mensagem que você passa. Isso significa que 93% da mensagem que você transmite é não verbal.

Pare para pensar: você pode dizer uma mesma frase, usando as mesmas palavras, e ser interpretado de maneiras totalmente diferente em duas situações. Tudo porque mudou a ênfase e o tom de voz. Se der ênfase mais agressiva ou irônica, você pode deixar uma pessoa magoada. Ao passo que, se procurar usar um tom doce e simpático, poderá passar a mesma mensagem sem ofender. Uma estratégia para melhorar o entendimento do que você diz é procurar usar o tom e ritmo e voz parecido com o do seu interlocutor a fim de entrar em sintonia com ele.

Existem algumas táticas de linguagem corporal que também ajudam a melhorar a comunicação. São elas: inclinar-se em direção ao seu interlocutor, gesticular de modo afirmativo mostrando que concorda com o que foi dito e também apostar no olho no olho – isso torna sua mensagem mais impactante.

Para garantir uma comunicação efetiva, você também precisa cuidar da sua assertividade, que nada mais é do que dizer aquilo que sente ou pensa de forma aberta, direta, congruente e adequada.

Uma pessoa assertiva consegue dizer o que pensa de forma equilibrada e se apropria de suas emoções sem afetar os outros. Se quer demonstrar que gosta de alguém, consegue fazer isso sem passar a impressão de que está querendo bajular. Se está com raiva, demonstra-a sem ofender a pessoa que motivou esse sentimento.

Como conseguir essa medida exata de escolha das palavras e do modo de expressá-las? Primeiro, você precisa considerar as pessoas tão importantes quanto considera a si mesmo. Esse princípio de que todos somos iguais faz com que você aja com respeito naturalmente. Você também precisa estar muito bem-resolvido para dizer "sim" ou "não" de acordo com suas vontades. Em outras palavras, é importante você saber o que quer (ou não quer) e se sentir confortável para dizer.

Pode ser que você me pergunte: "Mas, Simone, você está falando sempre de conversas presenciais. O que fazer quando uma negociação se dá pelo computador ou tablet? Dá para aplicar a negociação relacional no meio digital?".

Eu não poderia deixar de falar disso, já que boa parte das relações que cultivamos hoje é pela internet. O e-mail, os aplicativos e as redes sociais como Facebook, Instagram e WhatsApp são uma realidade constante em nossa vida. Por isso, precisamos transferir a negociação relacional para esse contexto virtual também. Sim, é possível estabelecer um bom entendimento por meio dessas mídias. Mas vale lembrar que levamos para o on-line a confiança e a credibilidade desenvolvida no *offline*. Agora, o que fazer quando o relacionamento acontece primeiro no meio virtual para, depois, existir um encontro olho no olho? Ou se ele nem chega ao olho no olho? Vemos muitas situações em que isso acontece. Quando um casal se encontra por um aplicativo como o Tinder, que liga pessoas com interesses parecidos, pode acontecer de elas marcarem um encontro real depois desse primeiro contato. Mas também pode acontecer de o interesse acabar antes disso. Na vida profissional, são incontáveis as vezes que iniciamos uma negociação pelo meio digital. Acontece quando encontramos pelo Google, por exemplo, o site de um potencial cliente ou prestador de serviços. Entramos em contato para oferecer o serviço ou pedir informações de um produto. Toda a negociação pode acontecer por trocas de informações em um chat ou e-mail sem que exista um encontro olho no olho. O que fazer nesses casos para estabelecer uma negociação relacional?

Se o relacionamento começa pelo virtual, tenha sempre em mente que existe uma pessoa do outro lado do computador e que as dúvidas e as inseguranças dela são as mesmas de quem está negociando com você ao vivo e em cores. Com o agravante de que aquela pessoa, no ambiente virtual, não está vendo você e, portanto, não pode avaliar se você passa confiança ou não. Aposte em uma conversa que aproxime e que faça com que o seu interlocutor se sinta conectado. Isso contribui para o fechamento de um acordo. Você também precisa tomar cuidado redobrado com as palavras que usa para não ser mal interpretado, especialmente no momento de escrever. Lembre-se de que, diferentemente da comunicação olho no olho, ao escrever você não conta com o seu tom de voz e nem com a ênfase, que fazem toda a diferença na forma como será interpretado. Tanto é que pesquisas em negociação se referem a enviar e-mail como um modo "pobre" de comunicação, porque ele não tem as pistas visuais e vocais que promovem a compreensão e confiança em relação a conversas face a face. Segundo um artigo da Harvard News, chefes de polícia, nos Estados Unidos, têm sentido dificuldades de identificar o estado emocional de jovens suspeitos de crimes, por exemplo, quando estes se comunicam por mensagem de texto, justamente porque as palavras representam apenas 7% da comunicação. Portanto, ainda que existam *emoticons* e outro recursos para expressar sentimentos, vale ser cuidadoso e reservar para o telefone ou uma reunião as conversas mais difíceis, que possam dar margem a muitas interpretações.

Como gerar confiança no contato virtual? Você precisa estar atento a passar todas as informações necessárias para que a pessoa se sinta segura e confiante de que pode seguir em frente com o acordo.

Uma maneira de passar credibilidade é se colocar no lugar do outro e imaginar quais perguntas ele deve estar se fazendo naquele momento. Por exemplo:

» Será que posso confiar nessa pessoa que nunca vi pessoalmente?

» Corro um risco alto se fechar esse negócio?

» Será que essa proposta será mesmo boa para a minha empresa?

Ao fazer o exercício de imaginar quais questões estão na cabeça do outro, você consegue preparar melhor o que vai falar, já considerando responder essas dúvidas.

CHEGUE AO MELHOR ACORDO POSSÍVEL

Em um mundo ideal, as pessoas estariam sempre abertas ao diálogo para chegar a uma decisão em conjunto, dispostas a comprar de você ou a ouvir sua oferta. Estariam empenhadas em resolver qualquer crise de uma maneira sensata e ponderada. Infelizmente, essa não é a regra do jogo. É provável que boa parte das negociações que andam tirando o seu sono seja com pessoas difíceis ou traga uma carga de problemas com os quais você precisará lidar e ainda não sabe bem ao certo como. Em momentos-limite, como o de uma crise financeira, de desgaste emocional ou de muita pressão para todos os lados, é mais difícil tirar as pessoas de uma posição defensiva e de desconfiança. No entanto, isso não é impossível. Tenho certeza de que **a negociação relacional funciona muito bem em ambientes pouco favoráveis**. Aliás, ela é a mais recomendada justamente porque abre espaço para o diálogo, o entendimento e faz com que as partes vejam uma luz no fim do túnel em situações que não ensejavam uma solução que pudesse ser boa para todos.

Quer uma prova disso? Até mesmo em situações de crises extremas, como negociação de ocorrências com reféns, o Batalhão de Operações Policiais Especiais (BOPE) utiliza as técnicas de negociação relacional como a primeira alternativa. Essa foi uma das minhas descobertas ao conduzir o estudo *Tropas de elite em negociação: um paralelo entre o meio empresarial e o BOPE*, que realizei durante o curso de especialização em Negociação, da Fundação Getulio Vargas, e apresentei em um congresso de administração em Munique, na Alemanha, em 2013.

Nas crises enfrentadas pelo BOPE, em que, na maioria das vezes, vidas estão em jogo, a polícia envia, primeiramente, a sua equipe de negociadores para tentar uma resolução pacífica com os criminosos. Se bem conduzida, a negociação produz resultados muito mais satisfatórios do que quando há necessidade do emprego da força na resolução do conflito. Aproximadamente 61% dos eventos podem ser solucionados mediante negociação, seja pelo fato de as exigências estarem dentro de um escopo razoável e serem totalmente atendidas, seja porque a negociação proporcionou um acordo com concessões de ambos os lados. A negociação, porém, é sempre árdua e complexa porque, como citou o policial federal e negociador Ângelo Salignac, "negociar é trazer as pessoas de volta à realidade" e qualquer erro pode ser fatal.

O seu maior desafio é justamente fazer as pessoas voltarem à realidade, entenderem essa nova maneira de entrar no jogo da negociação e provarem os seus benefícios. Para conseguir isso, você precisa estar preparado para o que está por vir. Os quatro passos a seguir o ajudará a se preparar.

1. Prepare-se

Negociamos o tempo todo, mas será que nos preparamos para cada negociação? Certamente não – e isso é essencial, especialmente quando a intenção é estabelecer um bom relacionamento. O momento de preparação serve para você analisar a situação que enfrentará e conseguir programar a respectiva abordagem.

Em primeiro lugar, esteja munido de informações sobre a pessoa ou a empresa e aquilo que quer negociar. **Quanto mais você entender o contexto da outra parte, mais caminhará para um acordo favorável.** Imaginemos uma situação da vida pessoal. Se você sabe por que é tão importante para o seu filho ter aquele brinquedo, conseguirá construir argumentos melhores para a criança entender que só ganhará o presente em uma data especial. Quer mais um exemplo? Na compra de um carro, fica mais fácil negociar o preço se você fizer uma pesquisa de mercado e saber se o valor pedido por aquela loja está acima ou abaixo do mercado, conseguindo identificar se aquele desconto é verdadeiro ou uma estratégia do vendedor para fechar o negócio.

Ter informação também traz mais segurança quando é você quem está oferecendo um produto ou serviço. Procure saber qual é o valor praticado pelos concorrentes e qual a qualidade daquilo que eles vendem. É bem provável que o seu cliente já tenha sido abordado por outras empresas e comparará o que você apresenta com a oferta delas.

Algumas negociações mais difíceis podem gerar expectativa e ansiedade. Uma conversa sobre o seu futuro na empresa ou a questão da guarda dos filhos durante um processo de separação não são situações fáceis de enfrentar. Porém, elas podem ser mais bem administradas se você estiver calmo. Como? Nesse caso, os recursos são os mais variados e você precisa escolher algo que o faça sentir-se confortável. Pode ser meditar, praticar exercícios físicos na academia, fazer uma caminhada,

Chegue ao melhor acordo possível

ouvir uma música, ficar por alguns momentos em silêncio, fazer uma oração, brincar com seus filhos, fazer uma sessão de terapia ou mesmo sair para tomar um café.

Antes de uma negociação, procure fazer aquilo que traga você de volta ao seu eixo, que lhe deixe tranquilo e equilibrado. Está em um dia ruim ou com outras prioridades que não lhe permitirão dar a atenção necessária àquela negociação? Se for possível, mude a data da conversa. Para ter condições e negociar os melhores acordos, você precisa estar presente de corpo e alma e disposto a dar o melhor e si. Lembre-se de que, na negociação relacional, você precisa envolver o outro e, se ele perceber que você não está muito interessado, perderá a chance de fazer a conexão que é tão importante para a continuidade do processo.

Tenha sempre em mente que a conclusão dos acordos e a satisfação com os resultados obtidos podem estar diretamente ligadas à qualidade do relacionamento entre as partes. Por isso, vale a pena traçar um panorama de como vai essa relação.

Para você conseguir fazer essa avaliação, use as perguntas a seguir como guia. As respostas darão um termômetro de como está a relação e de que forma você pode melhorá-la, além de mostrar qual será a melhor abordagem para criar empatia. Entender como está a sua troca com a outra parte o ajudará a ter *insights* de como criar laços mais fortes, resolver questões ligadas à desconfiança e aproximar-se.

A relação é afetuosa?

Um "sim" para essa resposta é meio caminho andado. Fica muito mais fácil iniciar uma negociação quando as pessoas têm um bom relacionamento. Se você respondeu "não", liste as razões pelas quais essa relação não é afetuosa e pense em maneiras de reverter a situação. Como você pode melhorar esse relacionamento durante a negociação? O que pode dizer que fará a pessoa retomar a confiança em você?

Quais valores são compartilhados?

Saber disso é importante para estabelecer empatia. Quando você tem consciência de quais valores compartilha com a outra parte, fica mais fácil estabelecer pontos em comum. Use esses valores como o elo entre vocês. Isso ajudará a caminharem juntos para chegar a um mesmo objetivo.

Quais são as divergências existentes?

Reflita sobre os pontos em que você discorda da outra parte. Há como minimizá-los? Você consegue ceder ou encontrar uma nova forma de lidar com o que não concordam? Essas divergências impossibilitam o acordo desejado ou dá para contorná-las? Veja o que se pode fazer para reduzir as diferenças de ponto de vista sem correr muitos riscos e com baixos custos.

Há aprovação mútua de uma ideia?

Vocês têm um ponto de vista em comum? Um projeto em que ambos acreditam? Ótimo! Encontrar esses elos conta pontos para estabelecer o relacionamento e até relevar aquilo que não concordam.

Como está o relacionamento neste momento?

Vocês estão próximos ou mais afastados? Uma das partes fez algo ofensivo e/ou insultante para a outra? Como foi a conversa na última vez em que se encontraram? Como foi a última reunião que tiveram? Pense também em como você gostaria que o relacionamento estivesse hoje e o que é preciso para que ele fique melhor. Que tipo de relacionamento você e a pessoa com a qual negocia desejam? Outro ponto importante é avaliar se existe confusão entre o problema a ser resolvido e o relacionamento em si. Se você tem uma boa convivência com o cliente e o problema é que ele está achando seu orçamento elevado, o foco deve ser o ajuste de preço. Não há motivos para pensar que a relação corre risco. Nesse caso, aproveite que a relação favorável dá espaço para uma negociação e procure entrar em um acordo.

Uma orientação importante para responder as questões anteriores é fazer isso com tranquilidade, adotando como ação específica o respeito pelo outro, sem julgamentos de valor. Só assim o relacionamento será construído com eficácia e você poderá usar as respostas em favor da negociação que quer estabelecer.

Faça essa análise com empenho, pois um bom resultado é alcançado quando se consegue lidar bem com as diferenças que existem e, também, com as que podem surgir durante e depois da negociação.

Isto é importantíssimo de ser lembrado: **a negociação relacional é um processo constante que segue em conjunto com a troca de informações e expectativas que você mantém com a outra pessoa**. Ter bem claro em que ponto estão hoje ajuda a balizar as ações futuras. Esse processo é contínuo e requer uma disposição para dialogar e construir alternativas até chegar ao acordo desejado.

2. Desenhe o melhor e o pior cenário

Vá para a negociação sabendo qual é o seu maior objetivo. Ou seja, o que seria para você o melhor resultado da negociação. Por outro lado, não pense apenas no mundo cor-de-rosa: também tenha em mente qual seria o pior acordo aceitável e a partir de que ponto você deixaria de fechar o acordo. Vejo muitas pessoas que só se preparam para o melhor acordo e acabam demonstrando que não têm jogo de cintura quando percebem que não conseguirão chegar nem perto daquilo que esperavam. Nos momentos em que a contraproposta fica abaixo das expectativas, é muito importante ter um referencial de quanto ceder. Até que ponto você pode ir? Até que ponto aquele negócio pode ser bom para você?

Em negociação, existem alguns termos que ajudam a estabelecer as expectativas e a se preparar para negociar com mais confiança:

ZAP: zona de acordo possível (ou em inglês, ZOPA – *zone of possible agreement*). Esta é a faixa que satisfaz a ambos os lados. O acordo está nessa zona ideal quando, por exemplo, o valor máximo que o comprador pretende pagar é igual ou está acima do mínimo que o vendedor quer receber. Ou seja, existe aí um ponto de intersecção que facilita o negócio.

Dei o exemplo falando de uma compra, mas nem tudo se trata de dinheiro em negociação. Você também chega ao ZAP por meio da criatividade, pensando em criar valor por meio de trocas – esse é o princípio das parcerias. Para isso, vale a pena refletir: o que eu possuo de baixo valor para mim e que tem alto valor para o outro? Por outro lado, o que o outro tem que eu considero de valor? Digamos que uma empresa queira montar um evento na sede da Fundação Getulio Vargas, em Porto Alegre, onde trabalho. Eu cedo o auditório e, em contrapartida, a empresa me passa o *mailing* do evento, que considero um canal para prospectar novos alunos. Essa negociação, a princípio, não envolve dinheiro, mas traz valores para ambas as partes e, além disso, é a base para um relacionamento ganha-ganha.

Avalie sempre se vale a pena descartar um negócio só pelo fato de ele não gerar lucro financeiro. Um estágio voluntário, por exemplo. Pense quais outros valores a outra parte pode lhe oferecer. Em alguns casos, uma boa parceria pode trazer até mais resultados no longo prazo do que uma venda apenas. Esteja aberto para novas ideias e para buscar soluções criativas. Dessa forma, você ampliará a sua zona de acordo possível e sua rede de relacionamentos.

Preço de reserva (*walk away price*): Estamos falando aqui do pior acordo aceitável. É aquele ponto do acordo em que você desiste, quando não tem como continuar no jogo. A definição de ponto de reserva é o máximo que um comprador estaria disposto a pagar e o mínimo pelo qual um vendedor estaria disposto a vender. Por exemplo, você compra um produto para revender por R$ 100,00 e coloca preço de venda de R$ 150,00. Qualquer coisa entre R$ 100,00 e R$ 150,00 mantém você na negociação, é a sua ZAP. Porém, se o cliente fizer pressão e quiser pagar R$ 99,00, você não aceitará pois estará perdendo dinheiro. O preço de reserva é o mínimo aceitável. Ou seja, diz que abaixo daquele valor, você não pode tolerar. Se o seu preço de reserva é R$ 1.000,00, você não pode aceitar de maneira nenhuma R$ 950,00. Para não correr o risco de ceder, deve ter convicção desse valor e das razões pelas quais chegou a ele. Se a última oferta da outra parte for abaixo do seu preço de reserva, explique os motivos pelos quais não pode aceitar. Procure criar um diálogo para que o outro entenda os seus motivos e saiba por que você não pode ceder além daquilo. A tentação de dizer "não" sem dar maiores explicações pode ser grande, mas pense a longo prazo. Nunca feche portas, deixe-as sempre abertas para continuidade no futuro. Quando esta análise se trata de valor monetário, até é mais fácil de mensurar, porém, muitos custos são emocionais e você não tem claramente definido o que aceita ou não. Procure, portanto, sempre analisar essas possibilidades de cabeça fria porque durante a negociação você pode se envolver emocionalmente, ceder e acabar aceitando algo de que se arrependerá depois.

BATNA (*best alternative to a negotiate agreement*), que nos livros brasileiros também é descrito como MACNA (melhor alternativa em caso de não acordo) ou MAANA (melhor alternativa a um acordo não negociado).

Se a negociação entra em um impasse, qual é sua melhor alternativa? A maioria dos negociadores conhece a importância de avaliar sua BATNA (sigla em inglês de "melhor alternativa para um acordo negociado"), conceito desenvolvido por William Ury, Roger Fisher e Bruce Patton em 1991. Antes de se sentar à mesa para negociar, deve-se avaliar todas as alternativas possíveis em caso de não se conseguir entrar em acordo. A melhor entre elas é a BATNA.

Em outras palavras, é a sua melhor opção caso sua negociação não funcione. É o seu melhor plano B. Pense: se o acordo não fechar, o que fará, quais são as suas opções? **O seu plano B é associado a poder.** A BATNA determina a estrutura de poder na negociação: aquele que tem uma BATNA forte pode ditar os rumos do processo. Quanto maior, mais forte.

Ter uma BATNA é importante até para gerar uma referência. Nunca vá para uma negociação sem conhecer a sua. Ela pode ser o elo para que o relacionamento continue e, em um próximo momento, você consiga um melhor acordo.

Veja um exemplo: você viajará nas férias e quer ir para os Estados Unidos. Gastará, entre passagem e hospedagem, US$ 5 000,00. Caso você ache caro, qual seria sua melhor opção? Ir para o Caribe e gastar U$ 2.000,00 num *resort all inclusive*? Se você não se importar com a troca do destino, essa é uma BATNA forte, que lhe dá margem para pechinchar um desconto na agência de viagens. Porém, se você quer visitar amigos nos Estados Unidos, sua BATNA será baixa, já que terá de aceitar os valores que lhe oferecerem para esse destino, pois há um custo emocional de troca de destino.

Muitos negociadores se esquecem de examinar a BATNA da outra parte com o mesmo cuidado que despendem analisando a própria.

Um fazendeiro possuía, ao lado do rio Mississippi, Estados Unidos, terras muito atraentes para o desenvolvimento de hotéis, restaurantes e outros negócios. Quando a legislação do estado autorizou os cassinos flutuantes, um empreendedor se ofereceu para comprar esses terrenos.

Antes da reunião para negociar um preço, o fazendeiro contratou um especialista em agricultura para estimar o valor da terra. Após fazer a análise do solo e estimar os fluxos de efetivo, o especialista concluiu que a terra valia em torno de US$ 3 milhões. No começo da negociação, o fazendeiro deixou o empreendedor falar e este começou oferecendo US$ 7 milhões. Dissimulando sua emoção, o fazendeiro fez uma contraproposta de US$ 9,5 milhões. Finalmente chegaram a um acordo por US$ 8,5 milhões.

À primeira vista, o fazendeiro levou a melhor, pois obteve US$ 8,5 milhões quando só esperava US$ 3 milhões. Mas o que acontece se considerarmos a perspectiva do empreendedor? Provavelmente, um especialista no setor de jogos o informou sobre quão lucrativos os cassinos podem ser e estimou o benefício da ótima localização para o empreendedor.

Quando você tem a zona de acordo possível, o preço de reserva e a BATNA claros na sua mente, fica mais fácil para contra-argumentar, utilizando critérios objetivos e mostrando as razões pelas quais não pode ceder além de um determinado limite. Quanto mais claro você tiver o cenário na sua cabeça, mais fácil será explicitar, para a outra parte, o porquê do seu aceite ou da sua recusa e dar alternativas.

Fazer essa preparação é ainda mais importante quando se sabe que a situação tem grandes chances de trazer sofrimento e embates. Como é o caso dos processos de transição em empresas familiares. Momentos de mudança em qualquer empresa, quando é apenas o negócio que está em jogo, já são difíceis. Imagine quando há emoção e vínculos afetivos familiares envolvidos! O processo tende a ser conflituoso e os relacionamentos saem estremecidos. Portanto, quanto antes o empresário definir como se dará o processo, mais chances de sucesso. Ele deve ter em mente os pontos a serem observados para que o relacionamento não seja ameaçado em função da negociação. Exemplos? Precisa se preocupar em formar sucessores, e não herdeiros; cuidar para que nenhum membro da família trabalhe na empresa a não ser que seja para trabalhar duro, pois o comportamento deste deve ser exemplar. Também tem de pensar que é melhor não contratar um familiar do que ter de demiti-lo depois... Enfim, há uma série de questões sobre as quais deve refletir antes de começar a negociação. Tomar uma posição prévia ajuda a conseguir melhores resultados do que agir no calor das emoções. É mais fácil ser realista e ter os pés no chão antes do que durante o processo.

3. Minimize o "não"

Nem sempre um "não" quer dizer uma negativa definitiva. Pode acontecer de a negociação mais difícil ser justamente com aquela pessoa que está mais interessada em fechar um acordo com você. Agir de forma cética, colocando o seu produto em cheque, pode ser uma maneira de obter de você argumentos mais fortes para fechar o negócio, de colocá-lo à prova. Então, não se assuste, nem desanime em uma negociação mais difícil. Encare como um desafio e um teste para a sua capacidade de argumentação. Eu sei que ouvir um "não" pode ser uma prova de fogo para muitas pessoas! Muitas vezes, é preciso desenvolver o autocontrole para não demonstrar irritação, um grande desapontamento ou desânimo.

O primeiro passo para minimizar o "não" é voltar para si mesmo e conter o impulso de reagir. Você pode até pensar mal do seu interlocutor, ficar irritado, desejar falar umas poucas e boas, mas deixe que tudo isso fique apenas no nível do pensamento. Lembre-se de que ainda existe um grande caminho a seguir na negociação e que você colocaria tudo em risco se deixasse se levar pelo calor do momento.

Em seguida, com as emoções controladas, coloque o foco no outro e procure apaziguar as reações negativas da parte que estão atrapalhando o andamento da negociação. Pode ser que ela esteja com medo ou raiva, que se coloque na defensiva, esteja desconfiada... O importante é ouvir com atenção o que o outro tem a dizer. Essa atitude de respeito ajudará a desarmá-lo e mostrará que você não está ali para atacar e brigar, mas para chegar a um bom acordo.

Depois de ouvir o que a outra parte tem a dizer, mostre que você respeita seu ponto de vista e opinião. Veja bem: respeitar o outro não significa concordar e acatar, muito menos aceitar uma proposta abaixo do preço de reserva que você definiu. O que você demonstrará é que não fará críticas sobre aquele modo de pensar ou de se posicionar. Em seguida, use o poder da empatia, colocando-se no lugar do outro. Isso ajudará a montar sua estratégia de retomada da confiança. Pense no que que gostaria de ouvir se defendesse aquele ponto de vista. Construa argumentos mais poderosos para conseguir neutralizar o "não".

Existem vários conflitos que podem prejudicar uma negociação. Para cada um, existe uma postura mais recomendada. Selecionei os mais comuns a fim de orientar você:

Mentiras

Para detectar se a outra parte está faltando com a verdade, faça primeiro uma pesquisa. Tente obter informações de várias fontes sobre aquele tema. Na hora de negociar, teste a sinceridade da outra parte fazendo perguntas para as quais você sabe as respostas. Se a pessoa se esquivar de responder, insista em saber as respostas que não satisfazem as perguntas que você fez.

Uma vez confirmado o fato de a outra parte estar mentindo, procure neutralizar o efeito da mentira. Ou seja, mostre que sabe que está sendo enganado e deixe claro que tem meios de conseguir as informações. Mas contenha o impulso de fazer perguntas ameaçadoras ou usar de indiretas. Isso o colocará no mesmo nível do mentiroso. Aqui o objetivo é voltar a negociação para uma postura ética e transparente. Dessa forma, seu interlocutor saberá que a mentira dele não trará vantagens. Pelo contrário, acabará prejudicando o acordo nos moldes que todos desejam.

Irracionalidade

Uma pessoa pode agir de forma irracional quando se sente ameaçada e acredita que o melhor jeito de se defender é atacando. Para neutralizar o efeito da irracionalidade, procure passar todas as informações para que o outro entenda que a oferta é boa também para ele. É provável que ele pare de atacar assim que perceber que não há ninguém querendo enganá-lo.

Também vale tentar fazer uma autoavaliação para entender quais são os interesses que você tem que podem estar motivando o comportamento irracional do outro.

Desconfiança

Para neutralizar a desconfiança, identifique por que a outra parte pensa assim e o que você pode fazer para que ela supere essa percepção.

Ameaças e ultimatos

Cheque se a ameaça ou ultimato é verdadeiro ou apenas uma tática de negociação. Para isso, ignore a ameaça e, se achar que a ameaça não se concretizará, deixe que a outra parte saiba disso.

Raiva

A parte que está zangada sempre acredita que sua raiva é justificável. Então, não adianta você querer combater. O melhor a fazer é não se deixar contaminar, deixando que a raiva do outro desperte a sua. Volte a atenção para as questões importantes a serem resolvidas, como investigar a origem e o motivo da raiva. Ajude o outro a restabelecer o equilíbrio se concentrando nos verdadeiros interesses da negociação. Além disso, mostre disposição para ouvir. Muitas vezes, tudo do que o outro precisa é apenas desabafar.

Humilhação

Mesmo que a outra parte tenha feito por merecer a humilhação, como no caso de ter feito uso de mentira, ficado com raiva e demonstrado desconfiança infundada a seu respeito, não sapateie em cima da fraqueza alheia. Em vez disso, estabeleça uma saída honrosa.

Suponhamos que, em um primeiro momento, a pessoa diz que não tem como baixar o preço, que aquela é a oferta final. Mais tarde, fica claro que ela terá de baixar o preço para concluir a compra. O que fazer? Você pode dizer algo do tipo: "Sei que está me fazendo um favor enorme ao reduzir o preço além do que seria possível e agradeço muito por isso". Outra opção: "Que ótimo que conseguimos superar a questão de preço na qual você concedeu tudo o que poderia. Agora podemos nos concentrar em criar um pacote de negócios que seja bom para nós". Essa atitude permite que ambos finalizem a negociação em pé de igualdade, em uma situação honrosa. A outra parte não ficará com o gosto da humilhação como lembrança. Em vez disso, se lembrará da sua gratidão e respeito. Isso demonstra, inclusive, o seu caráter digno e ético. Como diz Stephen Covey em seu livro *A velocidade da confiança*: o caráter é uma constante; é necessário para a confiança em qualquer circunstância. Isso fará diferença em todas as negociações de que venha participar.

Assim que conseguir estabilizar as emoções negativas, procure fazer com que o outro queira procurar uma opção satisfatória para todos. Para conseguir chegar a um ponto de equilíbrio novamente, use a humildade e todo o poder de empatia que tiver. Se sentir que precisa pedir desculpas, peça! Não é o momento para ser duro na queda. Pense que minutos atrás você estava tentando reverter um "não" e uma situação que poderia acabar sem um acordo. Então, o momento pede resiliência.

Ainda no clima de conciliação, ouça o que a outra parte tem a dizer e concorde sempre que puder. Fale muitos "sim" e evite a palavra "mas". Para minimizar o "não", você deve ser a primeira pessoa a evitá-lo. Você também consegue isso quando, em vez de rejeitar uma ideia, apenas reformula ou usa frases do tipo: "Sim, e se fizéssemos de tal forma?". Também vale fazer perguntas que levem à solução: "E se a gente experimentasse desta maneira?" ou "Por que não tentamos deste jeito?". Tomar esses cuidados com as palavras ajudará você a retomar a sintonia com o outro.

Ansiedade

Quando você chega a uma negociação submetido a um estado emocional de ansiedade, suas chances de fechar um bom acordo diminuem. Uma pesquisa feita pela psicóloga Alison Wood Brooks com o economista Maurice Schweitzer, na Universidade da Pensilvânia, mostrou que **as pessoas ansiosas tendem a fechar acordos menos atraentes financeiramente**. Isso porque elas costumam aceitar de primeira uma proposta que lhes é feita ou levam uma proposta inicial modesta.

O que nos torna ansiosos numa negociação? Pode ser uma vontade ou necessidade muito grande de fechar o acordo com a outra parte. Sabe aquele momento em que um vendedor, mesmo que não consiga o preço desejado, prefere vender por menos a não vender? Sabe quando você quer muito fechar o acordo com uma empresa renomada porque será importante para o status do seu negócio? Nessas situações, a ansiedade pesa e faz a outra parte largar em vantagem. Você precisa tomar cuidado para não se depreciar, pois, dessa forma, aumentará suas chances de receber "não" para suas condições ou nem terá abertura para melhorar o acordo.

Você também pode vivenciar a situação inversa. Quando for a outra parte que estiver ansiosa e você perceber isso claramente, tome cuidado para não se aproveitar da situação, forçando a barra para fechar um acordo muito bom para si e nada bom para o outro. Pense no longo prazo e no relacionamento que está estabelecendo. Num momento seguinte, em que a pessoa não estiver mais ansiosa, ela concluirá que fez um mau negócio e, numa próxima oportunidade, pode dizer não. Ou ela não estará disposta a negociar com você ou irá para a negociação com muitas cartas na manga e preparada para ser altamente resistente. A negociação relacional demanda o cuidado de deixar portas abertas para as próximas rodadas.

4. Facilite o "sim"

Para aumentar os ganhos de um acordo, as duas partes precisam aceitar correr riscos. Isso se torna mais fácil quando existe confiança envolvida. O "sim" traz sempre essa mensagem nas entrelinhas: Sim, eu confio em você. Não é isso o que está subentendido no casamento, quando o casal promete ficar junto na alegria e na tristeza, na saúde e na doença? No momento de fazer esses votos, o que um diz para o outro é que, independentemente de as coisas irem bem ou mal, "eu prefiro estar com você". Como todo acordo fechado implica algum risco, o "sim" de uma parte também é uma forma de dizer que está disposto a pagar para ver.

No momento em que você compra uma televisão da marca X em vez de comprar da marca Y, está acreditando que o aparelho X é a melhor opção, mas isso não exclui o risco de que ele possa ser inferior as suas expectativas. E como você faz para que a outra parte aceite correr riscos – ainda que calculados – com você?

Em primeiro lugar, seja elegante. Procure tratar a outra parte com respeito e educação e saiba ouvir o que ela tem a dizer. Isso é primordial, é o seu cartão de visitas. Um bom relacionamento começa em um ambiente civilizado. Queremos estar perto de pessoas que nos fazem nos sentir bem, não é mesmo? Em segundo lugar, separe a pessoa do problema. **É possível ser irredutível nos seus interesses e, ainda assim, ser gentil com a pessoa que negocia com você.**

É muito importante ter sob controle as emoções negativas, como raiva e frustração. Muitas vezes, elas são obstáculos à negociação e podem desviar a atenção do que é mais importante. Têm o potencial de danificar um relacionamento e, até mesmo, de serem usadas para explorar a pessoa do outro lado (ou você mesmo!). Ainda que o outro seja agressivo, tome cuidado para não cair na provocação. Respire fundo e procure ignorar a falta de respeito, colocando o foco apenas na proposta. Assim, você evita uma discussão que só atrapalhará o acordo.

Em contrapartida, as emoções também podem ser o seu maior trunfo. Ao estabelecer o *rapport* com emoções positivas como empatia, você pode transformar positivamente uma negociação e chegar ao "sim"!

Existem várias atitudes capazes de fazer girar a roda das emoções positivas. Quer algumas sugestões? Você pode envolver o outro no seu projeto pedindo que compartilhe ideias e críticas construtivas. Dessa forma, você demonstra humildade e deixa claro que o considera importante. Procure detectar interesses do outro que você pode satisfazer. Pequenos agrados, que às vezes não lhe custam nada, podem garantir muitos pontos a seu favor e turbinar as emoções positivas. Também pense em fazer o bolo crescer. O que isso significa? Criar novas opções de ganho para a outra parte a fim de deixar o acordo ainda mais atraente. Questione-se sempre de como pode melhorar sua proposta dentro da sua zona de acordo possível e deixar a outra parte mais feliz. Por fim, fique atento em como pode ajudar o outro a voltar atrás no que disse sem que se sinta humilhado por isso.

Olha só quantos benefícios você pode conquistar se investir nas emoções positivas:

» Reduzir o medo e desconfiança. Quando você se mostra uma pessoa ética e com boas intenções, as pessoas passam a confiar mais em você.

» Ajudar a outra parte a abaixar a guarda e se colocar como parceira, em vez de oponente.

» Desenvolver a criatividade, flexibilidade e capacidade de resolução de problemas. Se a negociação é feita em um clima leve e feliz, há mais inspiração para encontrar ideias inovadoras.

» Construir e melhorar as relações.

» Cordialidade, elogios e compreensão motivam os outros a trabalhar mais eficientemente e de forma colaborativa.

» Manter um acordo negociado estável ao longo do tempo.

Ou seja, não tenha medo de suas emoções: abrace-as e considere o que elas podem trazer de positivo para a mesa de negociação. Acredite: suas atitudes positivas podem transformar até mesmo uma relação que parecia perdida. Uma história, publicada no blog *Program on Negociation*, da Harvard Law School, envolvendo a empresa de desenvolvimento de software americana RLX, e o cliente Impress, mostra como o poder da atitude de uma única funcionária transformou o rumo de uma negociação. Tudo começou com a perda de confiança por causa de falta de cumprimento de prazos e culminou com a decisão do cliente de trocar de prestador de serviço.

A funcionária Kristen trabalhava em uma divisão da RLX que tinhas poucas relações com a Impress, mas vendo que a empresa estava prestes a perder a conta para um concorrente, ofereceu-se para ajudar. Ela sentia que poderia fazer a diferença porque naquele momento estava justamente fazendo um trabalho de MBA sobre negociação e mediação e aplicar a teoria em um *case* do mundo real era o seu desafio. Depois de muita insistência, o vice-presidente concordou em colocá-la em contato com o representante da Impress. Após uma série de reuniões e várias de negociações, a Impress concordou em assinar novamente com RLX, e

Kristen salvou sua empresa de perder mais de 25 milhões de dólares de faturamento ao ano.

Como ela conseguiu reverter a situação? Apostando em recuperar a confiança perdida. Ao preparar esse processo de reconquista, Kristen se colocou no lugar do cliente e definiu concessões que não fariam tanta diferença para a RLX diante da possibilidade de perder definitivamente aquela conta. Tomou uma série de atitudes que geraram emoções positivas no cliente. Tratou de entender todo o funcionamento da Impress e de suas necessidades, colocou algumas vantagens no novo contrato como uma forma de mostrar que estava querendo reconquistar o cliente e pediu a um cliente que tinha boas relações com o sócio da Impress que falasse com ele e dissesse como estava satisfeito com os serviços prestados pela RLX.

Esse conjunto de ações mostrou para a Impress que a RLX valorizava o cliente e que estava fazendo o possível para reverter a situação. Essa disposição de reconquistar, com humildade e dedicação, fez toda a diferença. E mostra que nem todas as relações que passam por dificuldades estão perdidas. Por meio das emoções positivas é possível retomar a confiança e os negócios.

Ao longo da vida profissional e pessoal, o resultado de nossas negociações será melhor na medida em que soubermos lidar com as diferentes emoções que surgem no processo e o quanto conseguirmos satisfazer ou conciliar interesses das partes envolvidas.

Criar impressões positivas certamente auxiliará futuras interações e negociações. Se evidenciarmos que o nosso objetivo é o de buscar soluções que satisfaçam interesses mútuos, criaremos um estado de parceria que poderá nos acompanhar pela vida, facilitando interações futuras. Então, perceba o valor de estabelecer relacionamentos duradouros, éticos e verdadeiros e realizar negociações em que o outro não se sinta prejudicado, pois eles facilitarão negociações futuras, tornando as defesas desnecessárias.

RELACIONE-SE JÁ!

Para adotar a negociação relacional, você precisa tomar a atitude de querer mudar o modo de se comportar e agir com as pessoas. Esse é o primeiro passo que provocará uma reviravolta nos resultados que você vem atingindo e aumentará consideravelmente a quantidade de "sim" que ouvirá na vida.

Entretanto, quero começar este capítulo fazendo uma pergunta e preciso que você seja muito sincero ao responder: quantas vezes o medo de se relacionar com os outros o impediu de avançar e de conquistar o que você desejava?

Não deixe que a insegurança faça você ter medo de fracassar. Sei que isso pode acontecer por conta de uma série de fatores. Afinal, é comum ter medo do fracasso, da rejeição, de não ser bom o suficiente. O medo é uma constante nas nossas vidas por causa da nossa biologia: esse sentimento serve para nos alertar do perigo e nos proteger dos riscos. Porém, ao mesmo tempo em que protege, o medo pode nos impedir de alavancar nossas conquistas, de fazer novas descobertas, de conhecer pessoas que serão importantes para as nossas vidas e atingir um outro nível de realizações.

Minha proposta é que você use o medo de uma forma positiva, a serviço de um propósito valioso, ajudando você a romper a frustração para alcançar a vida que realmente deseja. É isso mesmo, basta você usar o medo para pegar impulso e deixá-lo se tornar seu motivador.

Se aquilo que você deseja alcançar é o mais importante de tudo, não há desculpa ou justificativa que possam impedi-lo. Você fará o que for preciso para que isso aconteça. Se você sente que um dos seus grandes medos é se relacionar com os outros, use esse impulso a seu favor como o empurrãozinho que faltava para começar a construir relacionamentos duradouros que trarão benefícios para a sua vida.

É assim, usando o que parece assustador como força propulsora, que as pessoas bem-sucedidas conseguem enfrentar seus obstáculos internos para alcançar seus grandes objetivos. Em vez de permitir que o medo seja paralisante – e que roube os sonhos e objetivos –, essas pessoas mudam o foco da energia do medo para a realização. Ou seja, elas simplesmente fazem, como diz o *slogan* da Nike: *just do it*! Essas pessoas vão em frente mesmo que, lá no fundo, estejam inseguras na hora de criar novos relacionamentos! O frio na barriga faz com que busquem uma solução para aquele obstáculo porque sabem que só resolvendo essa questão interna é que conquistarão aquilo que desejam.

Aí você me pergunta: "Simone, como é que eu posso adotar essa mentalidade e perspectiva? Como eu posso me jogar mais nas relações com as pessoas e conseguir construir relacionamentos mais produtivos? Como escolher viver uma vida na qual os relacionamentos sejam a grande mola propulsora do meu sucesso e grande trunfo para que consiga os melhores resultados e acordos?". Sei que essas perguntas podem parecer assustadoras. A boa notícia é que é possível, sim, desenvolver habilidades para que se ajude a dar essa guinada e use a sua insegurança atual como uma vantagem competitiva.

Pode parecer contraditório, mas, além do medo, outro fator que pode paralisar algumas pessoas é o sonho. Aposto que você já ouviu a seguinte frase: "Fulano é um sonhador". E eu me arrisco a dizer: quem disse isso, provavelmente, não estava elogiando o "fulano" em questão. Você já reparou que é comum associarmos os sonhadores às pessoas que não funcionam bem na vida prática? Basta falarmos em sonho que nos lembramos do doce da infância ou das pessoas que vivem no mundo da lua, que fazem planos mirabolantes e nunca saem do lugar. Será que essa impressão persiste se relembrarmos sonhadores famosos, como Walt Disney, Steve Jobs, Guy Laliberté (fundador do Cirque du Soleil)? "Ah, Simone, mas esses são diferentes!", você pode estar pensando. Você tem razão, as pessoas que citei são bem diferentes de alguém que se deixa paralisar pelo sonho porque a realidade é muito difícil de encarar ou de ser transformada. O que faz desse alguém um eterno quase sucesso e dos nomes citados uma eterna lenda é a capacidade que estes tiveram de transformar sonhos em realidade. **Quando você envolve as pessoas no seu sonho, consegue chegar mais longe.** É isso o que você faz quando aposta no poder das relações como ponto de partida para chegar aos seus objetivos. Você conta com uma rede de apoio. Tem sempre ao seu lado parceiros que confiam nos seus projetos, na sua capacidade de realizar e nas suas boas intenções de melhorar o mundo ao seu redor.

Se você quer atingir metas extraordinárias por meio da negociação, saiba que é possível, sim, sair do mundo das ideias e não ficar mais apenas pensando que os melhores resultados só acontecem para os outros. Você verá aqui quatro atitudes que ajudam nisso – e que serão fundamentais para que dê o pontapé inicial para adotar a negociação relacional na sua vida, a chave para que seus objetivos sejam alcançados.

"Você não é uma árvore", mexa-se!

Dê o primeiro passo! Você se lembra de um dos conceitos das aulas de Física que diz que o primeiro movimento de um corpo é o que exige maior investimento de energia? Pois bem. Muitas pessoas passam a vida toda tentando acumular a coragem necessária para começar a fazer alguma coisa. Mas, um dia, depois de muito tempo, percebem que a única coisa que cresceu nesse período todo foi o medo. **Esse medo que paralisa pode estar fazendo com que você se feche em si mesmo e não consiga fazer aquilo que você quer e precisa.** Comece a formar sua rede de relacionamentos agora. Abra-se para o mundo, esteja disposto a entender melhor as pessoas e seus anseios. Não perca mais tempo achando que está no final da fila das pessoas realizadoras.

Muitas vezes, as pessoas desistem do que querem porque acreditam que seu objetivo está além de suas capacidades. As mais bem-sucedidas, porém, sabem o valor do "um passo de cada vez". Como corredora, vivi isso percebendo que, quando larguei a caminhada e comecei a correr, cinco quilômetros parecia muito, mas conforme evoluía na minha preparação e disciplina, os tão sonhados quarenta e dois quilômetros da maratona seriam passíveis de concretização. É igual a quando somos pequenos e entramos na escola. Tudo é novo e desafiador. Aprender a ler e escrever deve ser um dos maiores desafios de uma criança. E aprender a calcular, ou amarrar o cardaço do tênis? Hoje, depois de concluir um mestrado e ter iniciado, neste ano, o doutorado, penso como cheguei até aqui. Muitas vezes, quando olho para trás e vejo todas as dificuldades enfrentadas, parece incrível que isso tenha acontecido.

Uma das mais belas histórias de empreendedorismo no Brasil é a da marca construída por dona Adelina Clara Hess de Souza e seu marido Eduardo, o "seu Duda" – a Dudalina, a mais famosa camisaria do país, hoje presente em diversos países. Em 1957, então com seis filhos, o casal, dono de um "secos e molhados" na cidade de Luiz Alves, próxima a Blumenau, recebeu uma remessa grande de tecido. Para aproveitá-la, dona Adelina passou a produzir as camisas com a ajuda das irmãs e a vendê-las na região. O sucesso nas vendas foi tão grande, fruto do espírito empreendedor e coragem para enfrentar os desafios, que o resto da história você já sabe. Esse, como tantos outros exemplos que poderíamos citar, demonstra a capacidade de se moldar e avançar, mesmo com a insegurança inicial. Reconheça, portanto, que suas capacidades e habilidades são flexíveis, e não estáticas. **Você se aperfeiçoa a cada passo dado, mesmo que pequeno.**

O primeiro passo para mudar o seu jeito de negociar é se abrir para as pessoas. Isso requer coragem. Tanto que uma pesquisa feita pelo Instituto de Desenvolvimento de Conteúdo para Executivos (IDCE), em 2013, com 650 executivos, revelou que as pessoas nem sabem exatamente o que é uma rede de contatos efetiva – para a maioria, ter contatos é conhecer muita gente. Porém, isso não é correto! Para que os relacionamentos deem certo, como você viu ao longo do livro, é preciso cultivá-los. Quem tem só um regador não consegue cultivar mil flores – e fica paralisado só de imaginar que pode conseguir fazer tanta coisa florescer. O primeiro passo para que você desenvolva a negociação relacional é sair do casulo. Isso pode ser difícil no começo, mas o importante é não ter medo da rejeição. Abra-se para o novo, vá devagar, cultive um relacionamento por vez. É aos poucos que a gente evolui e chega aonde quer chegar.

Livre-se das desculpas

Conhece alguém que não revela um sonho ou uma meta nem para o animal de estimação, por medo de "agourar"? A verdade é que verbalizar é uma forma de se comprometer publicamente. E tem muita gente que teme se comprometer por medo de fracassar aos olhos de todos.

Esse comportamento nada mais é do que um autoengano, uma desculpa que você dá a si mesmo para não fazer alguma coisa importante.

Por isso, é essencial reconhecer as desculpas que você costuma usar. É fácil colocar nossas esperanças, desejos e sonhos de lado. Há todo tipo de desculpa possível: simplesmente não há tempo suficiente, tem o dinheiro ou os recursos necessários, tem família para cuidar, é muito ocupado. **Começamos a esconder, atrás das desculpas utilizadas, tudo o que não temos coragem de enfrentar.** Sabe o que é isso? Simplesmente autossabotagem! De acordo com uma pesquisa de Sean McCrea, professor de psicologia na Universidade de Konstanz, na Alemanha, costumamos usar esse recurso por um motivo muito simples: proteger a nossa autoestima. O estudioso constatou isso em uma pesquisa que conduziu, em 2008, com estudantes universitários que seriam submetidos a provas. Eles podiam escolher se estudariam para os testes ou se fariam parte do grupo "sem treinamento". O professor, então, percebeu que, quando tiravam notas baixas, o pessoal do grupo dos sem treinamento atribuía isso simplesmente ao fato de não ter estudado. Era uma muleta a qual aqueles estudantes se agarravam – mesmo que o teste estivesse dentro das capacidades deles. O que eu quero dizer com isso? Quero dizer que as desculpas podem ser um porto seguro, mas também o manterão preso no mesmo lugar frustrante em que você aportou sua vida. Então, corte o ciclo e experimente fazer diferente. Experimente se dedicar às suas metas, em vez de se dedicar às suas desculpas.

Para isso, determine a importância da sua meta. Pergunte a si mesmo o que mudará na sua vida se você for capaz de realizar o que deseja. Isso ajudará você a descobrir a importância de atingir seus objetivos, se existe algo que você pode deixar para lá ou se vai sofrer muito se não o alcançar.

Parece confuso? Tente imaginar-se com 80 anos, quase no fim da sua vida, refletindo sobre sua trajetória e suas escolhas. Quais são os seus arrependimentos mais sinceros? O que você gostaria de ter realizado? O que você gostaria de ter tentado? Valeu a pena ter desistido? Existem tristeza e pesar? Você está se perguntando, "e se..." e lamentando o que aconteceu? Reveja o que teria feito diferente e aja agora, mude a rota.

Dê tempo ao tempo

Exercite a capacidade de adiar recompensas, mas nunca desista. Esse é o grande trunfo da negociação relacional, que você deve levar para a vida. Estamos o tempo todo negociando e procurando melhores resultados para nós mesmos e para os outros. Se eles não chegam hoje, aparecerão amanhã. O importante é que você continue apostando que vale a pena se relacionar com as pessoas, ter uma postura ética, garantir que elas possam confiar em você.

Há pessoas que até começam, mas que não prosseguem e não alcançam o que tanto desejam porque são muito exigentes consigo próprias, não toleram errar e acabam desistindo sem saber que faltava pouco para acertarem em cheio seus alvos.

Então, procure sempre aprender com os tropeços – quando se trata de se relacionar e negociar, sempre teremos muito a aprender – e siga em frente. **Pode ser que falhas aconteçam, porém, elas são apenas parte do processo.** Qualquer pessoa bem-sucedida dirá isso a você. Talvez você não saiba, mas há alguns famosos que fracassaram terrivelmente. Michael Jordan, mito do basquete, é um exemplo. No auge de sua carreira, logo depois de ter sido campeão durante sete temporadas pelo Chicago Bulls na NBA e ter conquistado o bicampeonato olímpico, ele decidiu se tornar jogador de baseball em 1994. O motivo? Seu pai, fanático pelo esporte, tinha falecido e Michael queria prestar uma homenagem. Só que a tentativa deu muito errado porque ele simplesmente não tinha talento para aquele esporte. Ao reconhecer o erro, ele voltou às quadras de basquete em 1995. Podia ter desistido e ficado abalado pelo fracasso, mas não. Admitiu que errou e conquistou mais três campeonatos na quadra de basquete. Sabe o que ele diz sobre fracassar? Uma frase maravilhosa: "Perdi mais de 9 mil lances na minha carreira. Perdi quase 300 jogos. Vinte e seis vezes confiaram em mim para eu fazer a jogada final que poderia vencer o jogo... e perdi. Falhei repetidamente na minha vida. E, por isso, tenho êxito".

É exatamente esse o comportamento dos bem-sucedidos: eles percebem que os erros podem oferecer *insights* e ideias para corrigir problemas. Nessas horas, a vontade de chegar a um acordo acionará a criatividade e fará você encontrar novos caminhos. **Nenhuma lição de resistência é melhor do que ter de superar.** Se você usar essas experiências como informações preciosas, ajustar sua estratégia e continuar com a mesma garra e energia, estará cada vez mais próximo do sucesso e da conquista do que almeja.

Por isso, reconheça o valor da dor. As experiências mais dolorosas podem ajudar você a definir tudo o que você não quer na sua vida. Falha, decepção, becos sem saída – tudo tem valor se você tirar algum aprendizado. Neste momento, a reflexão gerada permite ver o que deu certo, o que não deu e o que fazer de diferente para ter outro resultado. Perdeu algo? Foi sofrido? Todo mundo passa por isso. Então, não perca a chance de usar essas situações para aprender mais sobre si mesmo e sobre o que você realmente deve fazer para conquistar seus sonhos e metas.

Fique perto das pessoas que lhe dão apoio

Para conquistar qualquer objetivo, é preciso mudar hábitos, amigos, abordagens. Como sabemos, isso é antinatural. Pergunte a um sedentário ou a um fumante e ele afirmará que é mais fácil mudar o comportamento quando existe suporte à sua volta. A negociação relacional ajuda você a ampliar essa rede de apoio. Isso gera um ciclo virtuoso: mais pessoas que apoiam você, mais motivação para seguir em frente.

Há uma pesquisa da CEB, empresa americana especializada em estudos sobre gestão de pessoas e recursos humanos, que mostra que sempre passamos por um ciclo quando enfrentamos uma situação de mudança – seja externa ou interna. As fases pelas quais passamos, até que internalizemos a mudança, são: negação; choque; culpar o mundo; e culpar a si mesmo. É claro que tudo fica mais fácil quando você tem uma esquipe com você, ajudando a enfrentar cada uma dessas etapas.

Para mudar, é preciso sonhar. Como disse, sonhar com objetividade não é o problema, é o começo da solução! Coloque o seu projeto no papel, conte para as pessoas em que você confia e assuma um compromisso público com o seu sucesso. Dê, ainda hoje, o primeiro passo. Qual será a sua próxima realização? Quais pessoas você envolverá nela para que dê certo? Quais as parcerias que fará?

Mais um – e muito importante – ponto: tente não se preocupar tanto com a opinião de quem é contrário aos seus objetivos. Sim, você conseguirá construir muitos relacionamentos duradouros usando a negociação relacional, mas sempre existem aquelas pessoas que não entram no pacote. Não veja isso com maus olhos. É possível que algumas pessoas simplesmente não consigam entrar na mesma sintonia que você – especialmente se as crenças delas forem muito diferentes das suas. Pessoas que acham que o sucesso tem de vir depois de muito sofrimento, por exemplo, podem não entender por que para você as coisas fluem de maneira mais natural. Para gente com esse tipo de *mindset*, o seu modo de ser e conduzir a vida pode fugir do padrão. Daí vem a dificuldade de aceitar e aplaudir. A neurociência explica. **O nosso cérebro é hábil em reconhecer padrões.** Sabe o que acontece com aquilo que não se encaixa num padrão estabelecido? Entra para uma caixa de dúvidas e incertezas – ou não entra em caixa nenhuma.

Não deixe que as dúvidas e incertezas do outro contaminem você. Se der atenção demais a opiniões que dizem que não pode ou não deve seguir em frente com seus objetivos, acabará colocando seus projetos na caixa das dúvidas. E, então, eles não saem do lugar. Em vez disso, se você entrar em sintonia com pensamentos positivos e com pessoas que acreditam em você, será capaz de muito mais!

Quero compartilhar uma história linda com você. Quando decidi correr minha primeira meia maratona, ou seja, vinte e um quilômetros, treinava pouco, corria, no máximo, dez quilômetros, faltava tempo para treinar com toda disciplina e comprometimento necessários para encarar a prova. Mas não desisti. Meta dada é meta cumprida. Lá fui eu para a prova, em junho de 2012.

No quilômetro 10, meu joelho começou a doer (eu vinha fazendo fisioterapia, desde que havia aumentado o volume) e as pernas começaram a cansar, a ir mais lentamente. Ainda aguentei razoavelmente bem até o quilômetro 12. Segui.

No quilômetro 14, estava esbaforida, mancando, o joelho doía muito. Estava tomando anti-inflamatório e usava uma pomada muito forte para a dor que, naquele momento, não estavam fazendo mais efeito.

No quilômetro 16, estava quase me arrastando. Achava que desistiria.

No quilômetro 17, tinha certeza de que desistiria. Minha vista estava embaralhada, as pernas pesavam, parecendo que tinham cerca de 200 kg – juro! E ainda faltavam quatro quilômetros, o que não é muito, mas, naquele cenário, parecia uma distância impossível de ser vencida.

Neste momento, um estranho, um senhor que nunca vira na vida, me deu uma azeitona quando eu estava quase desmaiando. A azeitona tem sódio, pode ter me ajudado um pouquinho, mas não foi a azeitona puramente, foi o gesto de apoio, de confiança, o estímulo divino que nos leva mais longe. Concluí a prova, o que foi uma grande vitória para mim e um incentivo que me permitiu continuar buscando novos desafios. Em minhas palestras, sempre conto essa história e levo essa mensagem poderosa, em que confio imensamente.

Hoje, sou maratonista (42 quilômetros) e lembro desse momento com carinho em diversos momentos da minha vida em que preciso seguir adiante, com força e confiança. Acredite, dê o primeiro passo, não desista e a vida mandará pessoas trazendo azeitonas para você. Às vezes, até pessoas que você nem conhece.

O FLUXO CONTÍNUO DA PROSPERIDADE

O fluxo contínuo da prosperidade   135

A mensagem que quero passar para você com este livro é muito simples: todos precisamos nos relacionar constantemente para viver melhor. Quando você consegue criar laços genuínos, na vida pessoal ou profissional, o sucesso fica muito mais próximo de você e a sua vida passa a ser bem mais leve. Afinal, desse modo você tem uma rede de apoio para auxiliar nos momentos difíceis, para abrir os seus horizontes naqueles momentos desafiadores, quando tudo o que enxerga são trevas e, claro, para celebrar as suas conquistas.

Ao cultivar bons relacionamentos, você não sente tanto mais a sensação de ter de matar um leão por dia, pois sabe que está com as portas abertas em vários lugares – a segunda-feira se torna um dia muito agradável, pois é a chance de você começar a realizar novos contatos e retomar contatos já cultivados. Segundo uma reportagem publicada em junho na revista *Você S/A*, hoje, os relacionamentos são, também, importantíssimos para o sucesso profissional. Os especialistas em recrutamento e seleção dizem que, especialmente em anos de crise com poucas contratações e com mais substituições de pessoas em equipes estruturadas, entre 80 e 90% das oportunidades de trabalho são frutos de relacionamentos.

Porém, se relacionar bem com os outros não causa impacto apenas na nossa vida profissional. Muito pelo contrário. Até a nossa saúde também se beneficia demais da amizade e dos laços fortes. A Universidade de Harvard mantém até hoje uma pesquisa, que começou em 1937, para desvendar aspectos da saúde humana, que levou à conclusão de que, se há algo importante para uma pessoa ser saudável, é a amizade. "A única coisa que realmente importa é a sua aptidão social – as suas relações com outras pessoas", disse o psiquiatra George Valliant, coordenador do estudo há 30 anos, em uma reportagem publicada na revista *Superinteressante*. Há até números estatísticos que comprovam isso: pessoas com mais de 70 anos têm 22% a mais de chances de chegar aos 80 se mantiverem relacionamentos fortes. Outra pesquisa, dessa vez conduzida por Louise Hawkley, diretora e pesquisadora do Laboratório de Neurociência Social do departamento de Psicologia, da Universidade de Chicago, mostrou que a amizade previne determinadas doenças. Para a pesquisadora, a solidão pode aumentar as chances de as pessoas terem problemas de saúde como pressão alta, arteriosclerose e diabetes.

Quer dizer, ter bons relacionamentos é importante para o seu corpo e para a sua alma! Por isso, a negociação relacional começa a se tornar algo essencial nos dias de hoje. Quando falamos em negociação relacional, falamos de envolvimento, de levar as pessoas a fazer parte do nosso sucesso. E o que isso significa? Significa que a vida e o trabalho ganham mais significado. Buscamos um propósito. Construímos nosso legado. Afinal, com esse tipo de negociação, conseguimos realmente ficar mais próximos das pessoas e fazer com que elas nos ajudem a chegar ao sucesso. Sem falar que também as ajudamos a alcançar os próprios objetivos.

Esse tipo de raciocínio o conduz a mudar a lógica do mundo individualista. Isso é sensacional, pois os seus interlocutores – e, consequentemente, sua rede de contatos – considerará você aquela pessoa com a qual podem contar. Esse é o primeiro passo para o sucesso e um dos primeiros passos para quem quer se tornar uma pessoa admirada, querida e inspiradora. Isso vale na carreira e em todos os setores da vida.

A negociação, os relacionamentos e a liderança

Os relacionamentos são importantes em vários níveis da nossa vida. Imagino que você, chegando até aqui, já começou a se transformar para se tornar uma pessoa que cultiva bem a sua rede e que entende que, sem relacionamentos e sem negociação, o sucesso fica muito mais distante. Por isso, gosto de repetir sempre essa ideia: "para tudo aquilo que depende de você, é necessário motivação para tudo que envolve uma ou mais pessoas, negociação é fundamental".

Sabe o que mais os bons negociadores relacionais fazem muito bem? Eles lideram – não só no trabalho, mas na vida. Isso acontece porque **a negociação relacional nos faz desenvolver habilidades importantes para nos tornarmos líderes inspiradores**. São elas: a capacidade de nos colocarmos no lugar do outro; a vontade genuína de ouvir; o foco em resolver o impasse e não em agredir o outro; o empenho por encontrar a melhor saída para uma solução difícil. Quando aliamos ética a resultados, geramos confiança e isso faz com que consigamos mais vezes ouvir o esperado "sim". Segundo Stephen Covey, a confiança vem dessa combinação de caráter e competência. Isso é o que faz toda a diferença.

O fluxo contínuo da prosperidade

Como diz Naiil Fitzgerald, ex-chairman, Unilever: "Você pode dispor de todos os fatos e números, de toda evidência que o sustente, de todo o endosso que quiser, porém, se você não tiver o domínio da confiança, não chegará a lugar nenhum".

Todas essas características, que fazem alguém ser visto como um líder, você está começando a desenvolver. O grande papel dos líderes, mais do que gerir um grupo, é engajar e comprometer as pessoas ao seu redor. Seus colaboradores, seus pares, seus fornecedores... até mesmo suas chefias. **Líder é aquele que faz acontecer.** E, quando ele tem bons relacionamentos, faz tudo ser muito mais fácil, pois as portas estão sempre abertas para ele.

Além de dar o exemplo, o líder deve ser integrador, altruísta, generoso e estar disponível para as pessoas, ou seja, ter as habilidades de negociação relacional e ajudar sua equipe a desenvolvê-las. Incentivar o outro a ter essa orientação favorece o grupo e garante resultados poderosos ao longo da caminhada. Se você chegou até aqui na leitura deste livro, certamente já deve ter colocado em prática muitos dos meus conselhos e está no caminho certo para se tornar um líder inspirador – aquele que se conecta genuinamente com os outros e gera bons resultados para todos a sua volta. Isso significa conseguir entender o que fará a diferença nos resultados da sua equipe. Quando você usa a negociação relacional, é capaz de impactar cada uma das pessoas do seu time, fazendo-a pensar no que de fato é necessário para o sucesso. É assim que age Hugo Hoyama, técnico da seleção brasileira feminina de tênis de mesa, que procura passar para suas atletas que o mais importante do que desejar vencer é estar concentrada em fazer o seu melhor. "A grande diferença nos jogos de que elas saíram vitoriosas foi entrarem sem a pressão de ter de ganhar a partida, pensando apenas no resultado final. Estavam mais focadas em *como* fazer para se superarem. Por exemplo, no campeonato mundial por equipes no Japão, em 2014, elas estavam concentradas em cada ação, e não apenas pensando no resultado final. Não deu outra: elas foram conquistando ponto a ponto a vitória e se tornaram campeãs", me contou Hoyama. Todo líder precisa ser capaz de preparar seu time não apenas com técnica, mas também mentalmente. Para chegar ao coração de cada um, o seu maior trunfo é a força do relacionamento.

Encontre a sua própria liberdade

Confesse: às vezes, você tem vontade de comer hambúrguer com as mãos, mas não o faz porque estão todos comendo com talheres? Você pode estar num relacionamento desgastado, mas não se separa por causa do que os outros vão pensar? Você queria ser músico, mas sua família de advogados tanto insistiu que o fez desistir dessa "besteira" e foi estudar Direito para ganhar um dinheiro decente? Enfim, isso acontece todos os dias e de diversas formas. A vontade dos outros, muitas vezes, se sobrepõe à nossa própria, e contrariar o senso comum não é das tarefas mais fáceis. Pelo contrário, exige muita energia, determinação e maturidade.

Agora que você já está trilhando o caminho da negociação relacional, contarei mais uma vantagem desse tipo de atitude. Quando você adota a negociação relacional, passa a ser uma pessoa mais livre. Sabe por quê? Simplesmente por ter permissão para ser uma pessoa mais autêntica – e isso é totalmente libertador! Você passa a ter aquela sensação boa que vem pelo simples fato de ser quem você é, com todos os defeitos e qualidades que o tornam tão singular. Vê que pode assumir as rédeas de sua vida e compreende que é o único responsável por suas escolhas, sendo elas bem-sucedidas ou não. Tem o prazer de ser protagonista da sua história, em vez de ser simples coadjuvante na vida dos outros.

Não tenha medo de fugir do convencional e de se jogar na vida. **Liberte-se da necessidade de ter todas as respostas e abrace a liberdade de ir em busca de pessoas que possam ajudá-lo a responder as perguntas.** Em um mundo tão pautado pela intolerância, faça o contrário: procure por pontos em comum, e não por divergências. Ao fazer o contrário do que todos estão fazendo, você certamente colherá resultados melhores.

A felicidade e a realização só têm sentido quando nos damos conta de que podemos envolver mais pessoas no nosso sucesso e realizar nossos objetivos com a ajuda dos outros. Reenergize-se com as pessoas e saiba que pode contar com elas. Tenha mais amigos do que inimigos, pois você merece ter a sensação de que existe mais gente torcendo por você. Abra as portas que pareciam fechadas! Os desafios ficam muito mais fáceis quando você estabelece relações duradoras com aqueles que estarão ao seu lado a vida toda.

O mundo está carente de pessoas dispostas a se relacionar mais, a dialogar mais, a procurar mais consensos do que batalhas. Lembre-se de que a prosperidade é infinita e que ela é obtida mais facilmente quando você acredita no ganha-ganha – mesmo que isso seja algo que pouquíssimas pessoas enxerguem. É hora de deixar de lado o óbvio que o coletivo tenta impor para você!

Nade a favor da corrente dos relacionamentos e encontre, por meio dos seus relacionamentos, a chave do sucesso. A maior riqueza da sua vida está na troca com os outros. Isso traz sentido para as suas conquistas e ainda as tornam mais fáceis. Encontre aquilo que faz o seu coração – e o dos outros – cantar. Faça os outros felizes e seja, simplesmente, feliz!

BIBLIOGRAFIA

Bibliografia

BAZERMAN, Max H.; NEALE, Margaret A. *Negotiating rationally*. New York: The Free Press, 1992.

BAZERMAN, Max H.; NEALE, Margaret A. *Processo decisório*. Rio de Janeiro: Editora Campus, 2004.

BRADBERRY, Travis; GREAVES, Jean. *Inteligência emocional 2.0*. São Paulo: HSM Editora, 2012.

CARVALHAL, Eugenio; NETO, Antônio A.; ANDRADE, Gersem M.; ARAÚJO, João V. *Negociação e administração de conflitos*. Rio de Janeiro: Editora FGV, 2006.

COVEY, Stephen R. *A velocidade da confiança:* o elemento que faz toda a diferença. Rio de Janeiro: Elsevier, 2008.

DUZERT, Yann. *Manual de negociações complexas*. Rio de Janeiro: Editora FGV, 2007.

FISHER, Roger; BROWN, Scott. *Getting together*. New York: Penguin Books USA, 1988.

FISHER, Roger; ERTEL, Danny. *Estratégias de negociação*. Rio de Janeiro: Ediouro, 1997.

FISHER, Roger; URY, William. *Como chegar ao sim*. Rio de Janeiro: Imago, 1994.

KARRAS, Chester. *O manual da negociação*. Rio de Janeiro: Ediouro, 1994.

KARRASS, Gary. *Negocie para fechar*. São Bernardo do Campo: Bandeirante, 1988.

LAX, A. David; SEBENIUS, James K. *The manager as negotiator*. New York: The Free Press, 1986.

MNOOKIN, Robert H. *Beyond winning: negotiating to create value in deals and disputes*. Massachussets: Belknap Press, 2000.

SALACUSE, Jeswald W. *Making global deals*. New York: Times Books, 1991.

STONE, Douglas; PATTON, Bruce; HEEN, Sheila. *Conversas difíceis*. Rio de Janeiro: Campus, 1991.

URY, William. *Como chegar ao sim com você mesmo*. Rio de Janeiro: Sextante, 2015.

_____. *O poder do não positivo*. Rio de Janeiro: Elsevier, 2006.

WANDERLEY, José Augusto. *Negociação total*. São Paulo: Gente, 1998.

ZANINI, Marco Túlio. *Confiança: o principal ativo intangível de uma empresa*. Rio de Janeiro: Elsevier, 2007.